Joseph Norden

Die Ethik Henry Homes

Ein Beitrag zur Geschichte der englisch-schottischen Moralphilosophie im 18.

Jahrhundert

Joseph Norden

Die Ethik Henry Homes
Ein Beitrag zur Geschichte der englisch-schottischen Moralphilosophie im 18. Jahrhundert

ISBN/EAN: 9783743419384

Hergestellt in Europa, USA, Kanada, Australien, Japan

Cover: Foto ©Thomas Meinert / pixelio.de

Manufactured and distributed by brebook publishing software (www.brebook.com)

Joseph Norden

Die Ethik Henry Homes

Die
Ethik Henry Homes.

Ein Beitrag zur Geschichte
der englisch-schottischen Moralphilosophie
im 18. Jahrhundert.

Inaugural-Dissertation

zur

Erlangung der philosophischen Doktorwürde

der

hohen Philosophischen Fakultät

der

Vereinigten Friedrichs-Universität Halle-Wittenberg

vorgelegt von

Joseph Norden

aus Berlin.

Halle a. S.
Hofbuchdruckerei von C. A. Kaemmerer & Co.
1895.

Seinen geliebten Eltern

in kindlicher Dankbarkeit

gewidmet

vom Verfasser.

Einleitung.

Home als Ästhetiker und Moralphilosoph. Seine Biographie. Die „Essays", ihre verschiedenen Auflagen und die deutsche Übersetzung. Veranlassung ihrer Abfassung. Übersicht.

Henry Home Lord Kames (1696–1782) ist in Deutschland hauptsächlich durch seine ästhetische Schrift „Elements of Criticism" berühmt geworden. Dieses Werk ward im Jahre 1762 in London zum ersten Male herausgegeben und erschien 1788 bereits in siebenter Auflage. Ebenso schnell verbreitete sich die deutsche Übersetzung von Meinhard. Die Historiker der Ästhetik (Zimmermann, Schasler, v. Stein) besprechen Home's Werk, und auch Hettner[1] widmet ihm einen Abschnitt. In jüngster Zeit erschienen über die Ästhetik Home's zwei Monographien[2]), in denen ein Einfluss der Home'schen Lehren auf bedeutende deutsche Ästhetiker, insbesondere auf Lessing, Schiller, Kant und Fechner, nachgewiesen wird.

[1] H. Hettner: Litteraturgeschichte des 18. Jahrhunderts. I, S. 419 f.
[2] J. Wohlgemuth: Henry Homes Ästhetik und ihr Einfluss anf deutsche Ästhetiker. Berlin 1893. — W. Neumann: Die Bedeutnng Homes für die Ästhetik und sein Einfluss auf die deutschen Ästhetiker. Berlin 1894. (Preisgekrönte Schrift).

Geringere Beachtung hat die Ethik Homes gefunden. Die Geschichtsschreiber der Philosophie erwähnen ihn grösstenteils nur als Autor der „Elements". Schon Buhle[1]) bemerkt, Home sei bei uns in Deutschland weniger durch seine moralphilosophischen essays als durch seine „Elemente der Kritik" berühmt geworden. Falkenberg[2]) begnügt sich mit der Bemerkung, dass Home „in der Ethik ein Anhänger Hutchesons" sei, um dann sogleich auf seine ästhetischen Ansichten einzugehen. Windelband[3]) erwähnt ebenfalls nur in aller Kürze „Henry Home, dessen Schriften eine entschiedene Abhängigkeit von Shaftesbury verraten, und der sich dem allgemeinen Zuge der deistischen Moral- und Religionsphilosophie mit anmutiger Darstellung anschloss." Auch die Geschichtsschreiber der Ethik berücksichtigen ihn wenig oder gar nicht. Jodl[4]) behandelt Home nicht, die Angaben Blakeys[5]) sind äusserst dürftig, Mackintosh[6]) und Whewell[7]) gehen über ihn hinweg.

Gleichwohl bedeutet die Moralphilosophie Homes in mehreren Beziehungen einen Fortschritt über seine Vorgänger hinaus. Eine kurze Darstellung und Beleuchtung der Home'schen Lehren, die im folgenden versucht ist, soll dies klarlegen.

1) J. G. Buhle: Geschichte der neueren Philosophie, Göttingen 1800—1805. V, S. 353.

2 R. Falkenberg: Geschichte der neueren Philosophie von Nikolaus von Kues bis zur Gegenwart, 2. Auflage, Leipzig 1892, S. 195. Wenn Falkenberg übrigens Home einen Bruder David Humes nennt, so beruht dies auf einem Irrtum. Die beiden Denker standen zwar in einem engen Freundschaftsverhältnis, sind aber nicht mit einander verwandt. Derselbe Irrtum findet sich bei Noack: Philosophiegeschichtliches Lexikon, Artikel Home.

3) W. Windelband: Die Geschichte der neueren Philosophie, 1, S. 340.

4) F. Jodl: Geschichte der Ethik in der neueren Philosophie, Stuttgart, 1. Band 1882, 2. Band 1889.

5 R. Blakey: History of Moral Science, London 1833, Kap. 20.

6 J Mackintosh: Dissertation on the Progress of Ethical Philosophy. London 1830.

7) W. Whewell: Lectures of the History of Moral Philosophy in England. London 1852.

Homes Leben ist von A. F. Tytler Lord Woodhouselee, einem jüngeren Zeitgenossen, mit grosser Ausführlichkeit beschrieben worden[1]). Diese Biographie ist von hohem Interesse, da sie nicht nur über die Lebensschicksale unseres Philosophen und über seine zahlreichen juristischen[2]) und philosophischen Schriften genauen Bericht giebt, sondern auch zeigt, in wie regem Verkehr er mit den bedeutendsten Männern seiner Zeit stand, mit Adam Smith, David Hume, Thomas Reid, James Beattie, Adam Ferguson, Benjamin Franklin u. A. Eine stattliche Anzahl von Briefen jener Männer an Home veranschaulicht diesen geistigen Verkehr[3]).

Seine ethischen Ansichten legt Home nieder in dem ersten Teil seines Werkes „Essays on the principles of morality and natural religion", das 1751, also in demselben Jahre, wie Humes „Enquiry concerning the principles of moral", in Edinburgh erschien. Der zweite Teil behandelt erkenntnistheorethische und religionsphilosophische Probleme; er kommt daher für unsere Untersuchung nicht in Betracht. 1774 gab Home seine „Sketches of the History of Man" heraus; der zweite Abschnitt des dritten Buches der „Skizzen" trägt die Überschrift: „Principles and progress of morality" und deckt sich mit den Ausführungen der „Essays". Eine zweite Auflage der „Essays" erschien 1758, sie enthält einige Zusätze und Änderungen, besonders in dem Versuch über Freiheit und Notwendigkeit; nach dieser Auflage ist eine deutsche Übersetzung von Rauten-

---

1) Alexander Fraser Tytler: Demoirs of the Life and Writings of the Honourable Henry Home of Kames............, containing Sketches of the Progress of Litteratnre and General Improvement in Scotland during the greater Part of the eighteenth Century, Edinburgh 1807 (2 Bände, 4⁰).

2) Home ist von Hause aus Jurist.

3) Besonders innig ist das Verhältnis zwischen Home und Hume. Letzterer schätzt das Urteil des 15 Jahre älteren Freundes sehr hoch. In einem Briefe aus dem Jahre 1738 (1739 erschien Humes „Treatise on human nature") bittet er Home, wenn er nach London reise, einige Abende mit ihm zu verbringen „and either correct my judgment, where you differ from me, or confirm it, where we agree." Tytler, a. a. O., I, S. 90.

berg angefertigt worden[1]). Die dritte Auflage endlich, in welcher gleichfalls besonders der Versuch über die Freiheit eine Änderung erfahren hat, stammt aus dem Jahre 1779. Was die Veranlassung zur Abfassung der essays betrifft, so meint Tytler, Home habe gefürchtet, manche Lehren seines Freundes Hume, die dieser in der „Untersuchung betreffs des menschlichen Verstandes" ausgesprochen, möchten geeignet sein, die Moralität zu untergraben, und Home habe nun sein Buch geschrieben, um jenem verderblichen Einfluss entgegenzuarbeiten. Einen Beweis für seine Behauptung findet Tytler in einem Briefe Humes vom 9. Februar 1748, in welchem er Home mitteilt, er werde die „Philosophischen Versuche", von deren Veröffentlichung Home ihm abgeraten[2]), dennoch drucken lassen, unbekümmert um das Urteil der Menge. Allein gegen diese Annahme sprechen mehrere Gründe:

1. Home stimmt in der dem gemeinen Verstande am meisten anstössigen Lehre von der Notwendigkeit der menschlichen Handlungen mit Hume vollkommen überein. Überhaupt lässt es sich schwerlich annehmen, dass Home mit Rücksicht auf Vorurteile des Publikums den Druck des „Enquiry" sollte widerraten haben. Schreibt er doch selbst im Vorbericht zu seinen essays: „Des Verfassers Denkart mag vielleicht in einigen Punkten für kühn und neu gehalten werden. Aber Freiheit des Denkens wird denen nicht missfallen, die in ihren Untersuchungen von der Liebe zur Wahrheit geleitet werden. Für diese allein schreibt er."

---

[1] Versuche über die ersten Gründe der Sittlichkeit und der natürlichen Religion in zwei Teilen von Heinrich Home, aus dem Englischen übersetzt und mit Anmerkungen begleitet von C. G. Rautenberg. Braunschweig 1768. Dieser Übersetzung sind die deutschen Zitate entnommen; die englischen beziehen sich auf die erste Auflage (1751).

[2] the Philophical Essays, which you dissuaded me from printing. (Tytler, a. a. D., I, S. 129). Wie aus der Jahreszahl des Briefes ersichtlich, kann hier nur von dem „Enquiry concerning human understanding" die Rede sein.

2. Der Inhalt der essays bezeugt, dass Home es keinesfalls auf die Kritik nur eines Philosophen abgesehen, sondern mit Fleiss und Sorgfalt alle bedeutenderen Moralsysteme seiner Zeit in seinen Gesichtskreis gezogen und der Beurteilung unterworfen hat [1]).

3. Hume wird von Home in dem moralphilosophischen Teile seines Werkes als der Verfasser der Abhandlung über die menschliche Natur, nicht ein einziges Mal dagegen als der Autor des Enquiry zitiert.

4. Im 7. Kapitel des 2. essay polemisiert Home gegen Humes Erklärung der Gerechtigkeit aus einer Übereinkunft der Gesellschaft. Dieses Thema wird aber in Humes „Enquiry" gar nicht behandelt.

Demnach ist es höchst unwahrscheinlich, dass erst Humes „Enquiry" Home zur Niederlegung seiner ethischen Ansichten bestimmt hat. Will man durchaus annehmen, dass irgend eine Schrift den Anstoss zur Abfassung der essays gab, so möchte es doch weit eher Humes Erstlingswerk, „Treatise on human nature," gewesen sein, in welchem er — wie auch später in der mit Homes essays gleichzeitig erschienenen Untersuchung über die Prinzipien der Moral — die Gerechtigkeit für eine Erfindung der der Menschen erklärt hatte, was den entschiedensten Widerspruch Homes hervorrief. Erregte gleich das Werk, wie Hume in seiner Selbstbiographie mitteilt, bei dem grossen Publikum nicht einmal in soweit die Aufmerksamkeit, „dass die Frommen sich darüber ereifert hätten[2])", so

---

1) Auch in dem zweiten (dem erkenntnistheoretischen) Teile der essays ist die Polemik gegen Berkeleys Idealismus genau so eingehend wie die gegen Humes Erklärung der Kausalität.

2) Dies lag an der Mangelhaftigkeit des Stils. Hume selbst gestand später, dass er das Buch zu früh veröffentlicht habe. Vielleicht hatte Home auch an dem Stil des „Enquiry" noch manches auszusetzen und widerriet deshalb den Druck desselben. So würde sich die oben erwähnte Briefstelle, die Tytler zum Beweise seiner Annahme heranzieht, sehr einfach erklären.

konnte doch einem Manne wie Home die hohe Tragweite der Hume'schen Gedanken nicht entgehen. Aber bedurfte es denn bei einem Manne, der, wie die meisten englischen und schottischen Philosophen, mitten im Leben stand, überhaupt erst eines ethischen Werkes, um ihn zur Abfassung einer Gegenschrift oder Ergänzungsschrift anzuspornen? Nennt doch Home einmal die Ethik die „mistress-science" im Gegensatze zu allen übrigen Wissenszweigen, den „hand-maids". (S. 34). Und so finden wir auch wirklich den 27 jährigen Jüngling bereits mit ethischen Problemen beschäftigt, lange bevor seine erste juristische Schrift erschien, und als Hume noch ein Knabe von 12 Jahren war. Er richtet nämlich 1723 ein Schreiben an den berühmten Geistlichen Samuel Clarke, dem er einige seiner Ansichten vorlegt[1]). War so das Interesse für die Handlungen der Menschen von Anfang an in Home rege, so wurde es noch durch den Umstand gesteigert, dass er ein Zeitgenosse der Deisten und ein Anhänger ihrer Denkungsart war. Mit grossem Recht sagt Hettner: „Es war weder der Zufall noch auch, wie man es meist zu betrachten pflegt, allein die Unfähigkeit zum eigentlichen metaphysischen Philosophieren, es war im vollen Sinne des Wortes eine geschichtliche Notwendigkeit, dass jetzt nach dem Sieg des Deismus die Moralphilosophie immer entschiedener in den Vordergrund trat und zuletzt zur fast ausschliessenden Herrschaft gelangte[2])." Im ganzen Mittelalter hatte die Religion die Basis der Ethik gebildet. Diese Basis erlitt jetzt Tag für Tag die gewaltigsten Angriffe. Wenn sie ihnen erliegen würde, was sollte dann aus der Moral werden? Würde dann auch sie untergehen oder auf einer solideren Grundlage neu sich erheben? Diese ernste Frage aufgeworfen, nach allen Seiten erwogen und beantwortet zu haben, ist das bleibende Verdienst der

---

1) Siehe Tytler, a. n. O., I, Appendix No. 2. Über den Inhalt dieses Briefes weiter unten, S. 31 f.
2) Hettner, a. a. O., S. 391.

englischen und schottischen Moralisten des vorigen Jahrhunderts, und zu ihnen, die mit offenem Blick und unerschrockenem Mute, frei von Autoritätsglauben und unbekümmert um das Urteil der Kirche, unumwunden aussprachen, was sie für wahr und richtig erkannt, zu ihnen gehört unser Home¹). Der erste, für unsere Darstellung allein in Betracht kommende Teil der Essays besteht aus drei Versuchen. Der erste Versuch zeigt an der Hand eines Problems der Ästhetik, nämlich der Frage nach der Ursache des Vergnügens an tragischen Gegenständen, dass der Mensch ein geselliges Wesen (a social being) ist, dass seine uneigennützigen Triebe gerade so ursprünglich wie die selbstischen und nicht etwa erst aus diesen abgeleitet sind. Der zweite Versuch handelt in neun Kapiteln von der Grundlage und den Triebfedern des Sittengesetzes²). Der dritte Versuch endlich ist dem Problem der Willensfreiheit gewidmet.

Wir gehen nunmehr zur Darstellung der in diesen drei essays niedergelegten Anschauungen über und zwar nach folgenden Geschichtspunkten:
1. Kap. Die Grundlage der Moral. (2. Versuch, Kap. 1 bis 4 und Kap. 6).
2. Kap. Theorie der Affekte. (1. Versuch; 2. Versuch, Kap. 5 und 7).

---

1) Es würde hier zu weit führen, von den Anfeindungen zu berichten, welche die Essays vorzüglich wegen des in ihnen gelehrten Determinismus erlitten, von den Gegenschriften, von der Petition an den geistlichen Gerichtshof Schottlands, Home und Hume zur Verantwortung zu ziehen, von der Ablehnung der Petition, von Homes Schrift zur Verteidigung seiner Anschauungen etc. Tytler teilt dies alles ausführlich mit, a. a. O., I, Kap. 5.

2) Of the Foundation and Principles of the Law of Nature". Das Wort „principle" gebraucht Home am häufigsten in der Bedeutung „Neigung" „Affekt", „Triebfeder", seltener steht es für „Grundsatz". Mit „law of nature" bezeichnet er das Sittengesetz, indem er dieses aus der Natur des Menschen entspringen lässt. Auch Shaftesbury nennt die sozialen Affekte „natürliche" mit der deutlichen Absicht, die nahe und ursprüngliche Beziehung dieser Neigungen zur Menschennatur aufzuzeigen.

3. Kap. Die Hauptgesetze der Moral. (2. Versuch, Kap. 8).
4. Kap. Die Entwickelung der sittlichen Anschauungen. (2. Versuch, Kap. 9).
5. Kap. Die Freiheit des Willens. (3. Versuch).

Erstes Kapitel.
Die Grundlage der Moral.

Die sittlichen Kräfte der allgemeinen Menschennatur als Grundlage des Sittengesetzes. Homes teleologische Weltanschauung. Der moral sense in seinem Verhältnis zu der Loke'schen Erkenntnistheorie. Kritik der Moralsysteme von Shaftesbury, Hutcheson, Hume und Smith. Der moral sense als Gewissen; Butler, Home und Kant. Die Haupt- und Hülfstugenden; Home und Kant. Polemik gegen die heteronomen Systeme. Polemik gegen die Vernunftmoral von Clarke und Wollaston.

In der Einleitung zum zweiten Essay klagt Home darüber, dass zwar in der Naturwissenschaft und in der Logik die induktive Methode nach dem Vorgange bedeutender Forscher immer mehr Platz greife, die Ethik dagegen nach wie vor ein Tummelplatz für metaphysische Spekulationen bleibe. „Täglich schreibt man dem Menschen Regeln des Verhaltens vor, ohne im geringsten darauf zu sehen, ob sie auch aus der menschlichen Natur entspringen oder ihr gemäss sind." (S. 33). So erhebt der eine Sittenlehrer den Menschen zu den Engeln und stellt Anforderungen an ihn, die er nicht imstande ist zu erfüllen, ein anderer wiederum erniedrigt ihn und reicht ihm ein Gesetzbuch dar, „das den unvernünftigen Tieren angemessen wäre als vernünftigen Wesen". (S. 34). Beides ist von schlimmen Folgen: Einer unausführbaren Aufgabe gegenüber verzweifelt der Mensch und legt sie bei Seite; verkleinert man andererseits den Abstand zwischen Mensch und Tier, so verstärkt man die Macht der Leidenschaften. Home verspricht, seine Schlüsse an ihrem wahren Probierstein, dem der Erfahrung, zu prüfen.

Was ist nun vor allem die wahre Grundlage des Sittengesetzes, die so viele Philosophen zu bestimmen sich bemüht haben, bei welchem Bestreben sie aber zu so gänzlich von einander verschiedenen Resultaten gelangt sind? Es ist, um es gleich vorauszuschicken, die allgemein menschliche Natur (the common nature of man). Dies Resultat ergiebt sich Home aus folgender Betrachtung: Es giebt keine engere Verbindung als die zwischen einem Wesen und seinen Handlungen; denn es ist die Verbindung zwischen Ursache und Wirkung. Nun gehört aber jedes Wesen zu einer bestimmten Klasse, und die verschiedenen Klassen der Geschöpfe unterscheiden sich nicht nur durch ihre Gestalt, sondern auch durch ihre innere Einrichtung, wie dies aus dem einer jeglichen Gattung eigentümlichen Verhalten erkannt wird. Handelt nun das einzelne Geschöpf der gemeinschaftlichen Natur seiner Gattung gemäss, tritt die aus seiner Zugehörigkeit zu dieser bestimmten Gattung zu erwartende Aktion ein, so erweckt dies in uns das Gefühl der Ordnung und Gesetzmässigkeit, und wir nennen die Handlung regelmässig und gut. Weicht sie dagegen von der gemeinschaftlichen Natur der Gattung ab, so mag sie noch so sehr mit der besonderen Einrichtung dieses Wesens übereinstimmen, das hindert uns nicht, die That für eine ordnungswidrige (disorderly) und ungereimte (whimsical) zu halten, gerade so, wie wir einen Menschen mit zwei Köpfen oder vier Händen eine Missgeburt nennen, wie geschickt auch immer ein solcher Mensch seine überzähligen Gliedmassen zu gebrauchen versteht.

Jetzt wissen wir, dass wir die Grundlage des Sittengesetzes in der Natur des Menschen zu suchen haben und zwar nicht in der besonderen Natur eines jeden Einzelnen, sondern in der gemeinschaftlichen Natur der Gattung. Es gilt also, die Natur des Menschen als solchen zu untersuchen, die sittlichen Kräfte in derselben aufzudecken, um hiernach seine sittlichen Aufgaben zu bestimmen. Freilich darf ich die sittlichen Aufgaben und Zwecke nur dann aus den im Menschen ruhenden sittlichen Kräften bestimmen, wenn ich von der Zweckmässigkeit in der Natur überhaupt und somit auch in der Menschennatur im Besondern überzeugt bin; und diese Überzeugung spricht denn auch Home deutlich aus, wenn er sagt: „Wir tragen kein Bedenkcn zu behaupten, dass eine Art der Dinge, die diese oder jene Natur hat, auch für diesen oder jenen Endzweck gemacht ist." (S. 37). Man hat Home die häufige Bezugnahme auf Endursachen (final causes) zum Vorwurf gemacht und ihm das Wort Bacons entgegengehalten, welches das Aufsuchen von Endursachen bezeichnet als eine „inquisitio sterilis et tanquam virgo Deo consecrata, quae nihil parit." Schon Tytler[1]) aber nimmt unsern Philosophen in Schutz: Bacon habe nur behauptet, die Endursachen dürfen nicht an die Stelle der physikalischen Ursachen treten, was allerdings der wissenschaftlichen Forschung Schaden bringen würde. Allein nach Aufsuchung der physikalischen Ursachen ist es nicht nur nicht schädlich, sondern sogar förderlich, Endursachen zu entdecken. Home verweilt zwar mit Vorliebe bei teleologischen Betrachtungen, verfällt dabei aber nicht in den oben gerügten Fehler[2]). Wir haben somit keinen Grund, über Homes teleologische Auseinandersetzungen den Stab zu brechen. Mag auch die naive Ausdrucksweise uns zuweilen etwas seltsam anmuten, der Grundgedanke ist doch wahr und wertvoll. Denn der Einführung des Zwecksbegriffes in die Natur verdanken wir es, dass „die innere Bestimmung des Menschen tiefer erkannt wurde und die

---

1) a. a. O., I, Appendix No. 3.
2) So widmet er z. B. im 3. Buch der „Sketches of the History of Man" zwar den „final causes" des Sittengesetzes ein besonderes Kapitel, aber erst, nachdem ohne Rücksicht auf sie die Gesetze aufgestellt sind.

Begriffe des Organischen und Ethischen sich gegenseitig vertieften und aufhellten¹)."

Wenn wir unser Augenmerk auf unser Verhältnis zu unserer Umgebung richten, so bemerken wir, dass nichts in der Welt uns gleichgültig lässt, sondern alles uns entweder Freude oder Schmerz bereitet. Diese Empfindungen haben verschiedene Grade, die von dem Gesichtspunkte abhangen, von dem aus wir die Gegenstände betrachten. Manche Dinge erfreuen oder schmerzen uns durch ihr blosses Vorhandensein; der Anblick einer schattigen Eiche gefällt, der eines missgestalteten Geschöpfes missfällt ohne weiteres, und wir nennen erstere schön, letzteres hässlich. Dieser Art von Schönheit und Hässlichkeit weist Home die niedrigste Stufe an. Eine höhere Stufe scheint ihm diejenige Schönheit (resp. Hässlichkeit) zu sein, die wir einem Gegenstande zuschreiben mit Rücksicht auf seine Tauglichkeit (resp. Untauglichkeit) zu irgend einem Endzweck, sei dieser selbst nun gut oder schlecht. Diese Art der Schönheit findet sich bei den Werken der Kunst und des Verstandes (Beispiele: Ein zum Wohnen bequemes Gebäude; ein wohlgeordneter Staat²). Ziehen wir den Endzweck selbst, dem der Gegenstand dient, in Betracht, so erhalten wir eine dritte, wiederum höhere Art von Schönheit und Hässlichkeit, je nachdem der Gegenstand das Mittel zu einem nützlichen oder schädlichen Endzweck ist. (Z. B.: Ein schön gebautes Schiff gefällt beim ersten Anblick [erster Grad], es gefällt noch mehr durch seine Tauglichkeit zur sicheren Beförderung [zweiter Grad], es es gefällt schliesslich am meisten durch die Nützlichkeit

1) A. Trendelenburg: Logische Untersuchungen, 3. Auflage, Leipzig 1870, II, S. 40.
2) Im 3. Kap. der „Elements of Criticism" nennt Home die erstere Stufe „intrinsic beauty" (Schönheit an und für sich), die letztere „relative beauty" (Zweckmässigkeitsschönheit). Über die Ähnlichkeit dieser Unterscheidung mit der Kantischen von „freier und anhängender Schönheit", sowie über die Verschiedenheit der Schlussfolgerungen der beiden Asthetiker vgl. die oben (S. 5) genannten Monographien über Homes Ästhetik.

dieses Zweckes, den Verkehr zu erleichtern und Bequemlichkeiten mancher Art den Menschen zu verschaffen [dritter Grad]).

Die beiden letzten Arten von Schönheit und Hässlichkeit schliessen die Empfindung der Billigung (approbation) und Missbilligung (dissapprobation) in sich, denn „billigen, loben" heisst: etwas in Ansehung des Endzweckes gut, „missbilligen, tadeln": etwas in Ansehung des Endzweckes schlecht finden. Auf die erste Stufe der Schönheit finden demgemäss jene Ausdrücke keine Anwendung.

Die drei oben geschilderten Arten der Schönheit und Hässlichkeit kommen allen Dingen zu, lebendigen und leblosen. Nun giebt es aber noch eine vierte, von den übrigen grundverschiedene Stufe, die sich nur bei den Menschen findet. Betrachtet man nämlich die Handlungen der Menschen als hervorgegangen aus Absicht, Überlegung und Wahl (intention, deliberation and choice), so unterscheiden wir sie nicht nur als schöne oder hässliche in den vorhin erwähnten Bedeutungen, sondern wir trennen sie noch genauer in schickliche, rechte und angemessene (fit, right and meet to be done) und in unschickliche, unrechte und unangemessene Handlungen (unfit, unmeet and uwrong to be done).

Diese Unterscheidungen beruhen auf einfachen Gefühlen, die einer weiteren Erklärung nicht fähig sind (simple feelings, capable of no definition). Aber sie bedürfen solcher auch nicht, ein Jeder findet sie bei scharfer Selbstbeobachtung in seinem Innern. Eine Handlung, aus überlegter Absicht hervorgegangen betrachtet, wird in einem ganz besonderen Sinne als schön oder hässlich bezeichnet. Daher geben wir dieser vierten Stufe der Schönheit auch einen besonderen Namen, wir nennen sie moralische Schönheit (resp. Hässlichkeit), wir sprechen von der Sittlichkeit oder Unsittlichkeit der menschlichen Handlungen, und die Kraft oder das Vermögen, durch

welches wir diesen Unterschied unter den Handlungen wahrnehmen, heisst das „moralische Gefühl" (moral sense).
Das die moralische Schönheit eine spezifisch andere ist als die übrigen drei (ästhetischen) Stufen derselben, bezeugt der Umstand, dass wir einen Künstler, dessen Werk uns gefällt, wegen seiner Geschicklichkeit loben, niemals aber wegen seines Charakters.
Wir sehen, wie Home darauf dringt, die „moralische Schönheit" von der ästhetischen zu trennen. Der Wertunterschied zwischen dem Sittlichen und allen übrigen Lebensgebieten ist von ihm klarer erkannt worden als von seinen Vorgängern, wie wir weiter aus seiner Polemik gegen dieselben erkennen werden. Vorher nur noch einige. Worte zur Charakterisierung des „moralischen Gefühls"
Die Meinung ist verbreitet, als ob Hutcheson, der zuerst die Lehre vom „moralischen Sinn" aufstellte, und diejenigen, welche diesen Begriff von ihm annahmen und weiter ausbildeten, der Erkenntnistheorie Lockes untreu geworden seien, indem sie wieder eine „angeborene Idee" in die Philosophie eingeführt hätten [1]). Allein es ist keineswegs die Meinung jener Denker, dass die Empfindungen des moralischen Sinns angeboren seien. Nichts anders haben sie im Sinn als zu zeigen, dass die moralischen Gefühle dem Menschen natürlich und kein künstliches Produkt der Erziehung und der Gesellschaft sind. Da nun Locke selbst im Allgemeinen einen natürlichen, ursprünglichen Sinn annimmt — von einem besonderen ästhetischen und moralischen Sinne findet sich nichts bei ihm —, so bezeichnet Zart[2]) umgekehrt die Annahme des moral sense geradezu als „eine Spezialisierung der Locke'schen Psychologie, welche bei genauerer Untersuchung der . . . moralischen Erscheinungen notwendig schien". Als Beweis für die Richtigkeit seiner Auffassung führt er noch

---
1) So z. B. Windelband, a. a. O., I, S. 265.
2) G. Zart: Einfluss der englischen Philosophen seit Bacon auf die deutsche Philosophie des 18. Jahrhunderts. Berlin 1881. S. 93.

den Umstand an, dass Butler die moralische Anlage mit dem Ausdruck „Reflexion" bezeichnet. Hutcheson erklärt ausdrücklich, dass angeborene praktische Urteile nirgends nachweisbar seien; der moral sense ist ihm nicht mehr und nicht weniger als „die Einrichtung unserer Natur, von bestimmten Gegenständen mit einem wohlthuenden oder widrigen Gefühl affiziert zu werden" [1]. Es ist daher nicht zuzugeben, dass die Vertreter des moral sense mit ihrer Annahme den Boden der Locke'schen Erkenntnistheorie verlassen hätten.

Wie bedeutend aber auch immer der Fortschritt der Moralisten war, welche, die Fesseln der Theologie und der Scholastik abstreifend, die Sittlichkeit nicht in abstrakten Begriffen, sondern in den Gefühlen des menschlichen Herzens suchten und auffanden, mit wie grossem Recht auch Meiners [2] den Shaftesbury als den ersten Hochpriester bezeichnet, der den lange verschlossenen Tempel der menschlichen Natur wieder geöffnet, der ohne Verleumdung und Lobrednerei den Menschen so erkannt und geschildert, wie ihn die Gottheit hervorgebracht: ein Fehler lag dieser psychologischen Begründung der Ethik sehr nahe, ein Fehler, der Kant so bedenklich erschien, dass er den unnatürlichen Versuch unternahm, die Psychologie gänzlich aus der Ethik zu verbannen. Wir vermissen nämlich bei den Vertretern der Gefühlsmoral zumeist das imperativische Moment. Entweder zeigen sie uns, dass es klug und vorteilhaft sei, sittlich zu handeln, oder sie erklären, dass es schön sei, und sie versichern, dass wir durch sittliches Handeln uns die Liebe unseres Mitmenschen erwerben. Dass es aber eine strikte Pflicht giebt, der wir ohne Widerspruch unbedingt gehorchen müssen, diese Lehre suchen wir bei ihnen vergebens.

---

1 Siehe E. v. Hartmann: Phänomenologie des sittlichen Bewusstseins, Berlin 1879. S. 164 f.

2) Siehe C. Meiners: Allgemeine kritische Geschichte der ältern und neueren Ethik oder Lebenswissenschaft, Göttingen 1800. S. 278.

Home hat den hier gerügten Mangel deutlich erkannt, und er deckt ihn unbarmherzig auf, wiewohl es nach seiner Ansicht eine unangenehme Arbeit ist, Schriftsteller zu kritisieren, „die die Sache der Tugend befördert haben." Shaftesbury, so führt er aus, habe überzeugend dargethan, dass die Tugend ein Glück, das Laster ein Unglück für uns sei, dass sie aber unsere Pflicht ist, habe er nicht bewiesen. Wenn also jemand die ethischen Vorschriften missachtet, so könne er nach Shaftesbury nur für thöricht, niemals aber für boshaft gehalten werden.

Ist es bei Shaftesbury's System die eudämonistische Färbung, welche Home bemängelt, so setzt er an Hutcheson aus, dass er die Sittlichkeit der Handlungen auf die Beschaffenheit derselben gründet, die dem, der sie vollbringt, Beifall und Liebe erwirbt. Diese Begründung nennt Home unvollkommen; denn ein Mensch, welcher Niemandem Schaden zufügt und sein gegebenes Versprechen treulich erfüllt, ist sittlich, ohne dass wir ihn deshalb gerade lieben. Unsere Liebe erwirbt er sich erst durch grossmütige und wohlthätige Handlungen. Hauptsächlich aber, bemerkt Home, verdient der Umstand Erwähnung, dass, wenn man den Beifall zum Grunde der Sittlichkeit macht, die Ausdrücke „Recht, Verbindlichkeit, Pflicht, Sollen, Müssen" (right, obligation, duty, ought, should) keine unterscheidende Bedeutung haben. Beifall (approbation) kommt, wie oben gezeigt wurde, nicht nur moralischen Handlungen, sondern auch Gegenständen der Kunst und des Verstandes zu, wenn sie mit Hinsicht auf den Endzweck betrachtet werden. Indem so Hutcheson die Grenze zwischen Ästhetik und Ethik verwischt, lässt er es an einer befriedigenden Erklärung des Pflichtbegriffs fehlen.

David Hume lässt in seinem „Treatise on human nature" die Sittlichkeit einer Handlung in dem Beifall bestehen, den wir derselben zollen, wenn wir durch Überlegung erkennen, dass sie dem Wohle der Gesellschaft dient. Abgesehen davon, dass dies eine zu schwache Begründung ist, um die Leidenschaften zu zügeln, lässt auch diese Theorie die Ausdrücke „Pflicht, Schuldigkeit etc." unerklärt.

In der dritten Auflage der Essays geht Home auch auf das Sympathieprinzip des Adam Smith ein[1]). Nach Smith beruht die Sittlichkeit darauf, dass wir uns in die Lage des Andern versetzen. Hiergegen macht Home besonders geltend, dass dann die mit der grössten Einbildungskraft begabten Menschen am meisten, und diejenigen, welche nur im geringen Masse diese Eigenschaft besitzen, am wenigsten von ihren moralischen Pflichten durchdrungen sein müssten, was der Erfahrung widerspricht.

Nunmehr ist es an Home, eine festere und stichhaltigere Grundlage für die Ethik zu finden. Zu diesem Zwecke nimmt er eine scharfe Analyse des moralischen Gefühls vor. Dieses Gefühl hatten wir oben als das Vermögen erkannt, durch welches wir die menschlichen Handlungen als schicklich, recht, angemessen oder als unschicklich, unrecht, unangemessen bezeichnen. Diese Ausdrücke kommen den menschlichen Handlungen zu im Gegensatz zu den Gegenständen der Kunst. Aber auch zwischen den menschlichen Handlungen selbst macht das moralische Gefühl einen Unterschied, indem es die Ausübung mancher Handlungen als schicklich empfiehlt, andere hingegen als notwendig fordert. Bei einer Gattung von Handlungen — die genauere Untersuchung ergiebt, dass es die Werke des Wohlwollens und der Menschenliebe sind — haben wir die Empfindung, dass es schicklich und angemessen ist, sie auszuführen: unterlassen wir sie aber so sind wir uns keines Unrechts bewusst. Anders bei der zweiten Gattung — es sind die Handlungen der Gerechtigkeit, Wahrhaftigkeit und Treue - : hier fordert das moralische Gefühl die Ausführung oder die Unterlassung

---

[1] Adam Smith's „Theory of moral sentiments" erschien London 1759, ein Jahr nach der 2. Auflage der Essays.

von Handlungen als eine strikte Pflicht, der wir unter keinen Umständen uns entziehen können, „wir sind uns einer Notwendigkeit bewusst, die uns zu ihrer Ausübung verbindet und zwingt, nicht anders, als wenn wir durch eine äusserliche Gewalt getrieben würden." (S. 49).

Das moralische Gefühl hat demnach ein doppeltes Amt. Indem es die Handlungen unterscheidet als solche, die unumgängliche Pflicht sind, oder solche, die ausser den Grenzen der strikten Pflicht liegen und unserer Willkür überlassen bleiben, schafft es zwei Stufen von Tugenden: die **Haupt- und Hülfstugenden** (primary and secondary virtues). In der ersteren Funktion berührt sich das moralische Gefühl doch in so fern mit dem ästhetischen, als es die Hülfstugenden in ihrer Erhabenheit und Schönheit uns vor Augen führt; in der andern Funktion aber tritt es in der Gestalt eines mächtigen und unbeugsamen Gesetzes auf, Gehorsam fordernd ohne Bedingung und ohne Widerspruch, den zügellosen Leidenschaften ein gewaltiges „Halt"! zurufend und dem Gemüte das „Du sollst" mit aller Strenge einschärfend. In dieser zweiten Funktion heisst das moralische Gefühl „**Gewissen**" (conscience), und es bethätigt sich auf doppelte Weise: Es hält dem Schwankenden seine Pflicht vor Augen, mahnt ihn an die Ausführung oder Unterlassung der That (**mahnendes** Gewissen); nach Übertretung einer Pflicht aber quält es den Menschen durch die Empfindung der Selbsterniedrigung, durch das Gefühl von verdienter Strafe und durch die Furcht vor derselben (**strafendes** Gewissen).

Dass das moralische Gefühl diesen Unterschied zwischen pflichtmässigen und verdienstlichen Handlungen macht, das ist eine einfache Thatsache des Bewusstseins, die eine weitere Zergliederung und Erklärung nicht zulässt. „Wir können keinen andern Beweis davon geben, als dass wir uns auf eines Jeden eigene Empfindung berufen. Man lege nur alle Vorurteile bei Seite und gebe auf das genau Acht, was in der Seele vorgeht. Mehr fordere ich nicht". (S. 48 f.). In allen Sprachen finden sich auf der einen Seite die Ausdrücke „Pflicht, Schuldigkeit, Müssen, Sollen", auf der andern Seite die Bezeichnungen „Edelmut, Wohlwollen, Güte"; und da die Sprache der Ausdruck unserer Gefühle ist, so sind diese Bezeichnungen ein deutlicher Beweis für das Vorhandensein des moralischen Gefühls in der angeführten doppelten Form.

In diesen Ausführungen verdienen zwei Punkte besondere Beachtung:

1) Die scharfe Hervorhebung der Funktion des Gewissens,
2) die Trennung von Haupt- und Hülfstugenden.

In dem ersten Punkte hat Home in Butler einen Vorgänger; die Haupt- und Hülfstugenden hat Home, wie es scheint, zum erstenmal einander gegenübergestellt.

Home bezeichnet Butler als denjenigen Philosophen, der den wahren Grund der sittlichen Verpflichtung tiefer erkannt habe, als irgend ein Anderer. Joseph Butler, Bischof in London, ein um vier Jahre älterer Zeitgenosse Homes, hat in seinen „Predigten" seine ethischen Anschauungen niedergelegt [1]). Ein Schüler Shaftesbury's, nimmt er dessen „Reflexionsaffekte" in seine Lehre auf. Während diese Affekte aber bei Shaftesbury den selbstischen und den geselligen Trieben nebengeordnet sind und die Sittlichkeit in der harmonischen Entfaltung aller dieser Triebe besteht, weist Butler den Reflexionsaffekten eine höhere Aufgabe zu: sie sind den übrigen Trieben übergeordnet und haben die Befugnis, dieselben zu überwachen und ihre Befriedigung entweder zu gestatten oder zu untersagen. Er giebt den Reflexionsaffekten den Namen „Gewissen". Diese wichtigen Bemerkungen Butlers sind vielfach übersehen worden. Mackintosh[2]) schreibt dies seinem ungenügenden Stil zu. Niemals, meint er, sei ein so grosser

---

[1]) J. Butler: Fifteen sermons upon human nature, or man considered as a moral agent. London 1726.
[2]) a. a. O., Abschnitt über Butler.

Denker ein so schlechter Schriftsteller gewesen; daher habe er wohl so wenige Nachfolger aufzuweisen. Es gereicht Home zur Ehre, zu diesen Wenigen zu gehören und mit allem Nachdruck auf die Bedeutsamkeit der Butler'schen Lehre hingewiesen zu haben. Er ist der Ansicht, dass Butler wohl mehr Licht über das „Gewissen" verbreitet hätte, wenn der Gegenstand von ihm, statt in der Vorrede, in den Predigten selbst behandelt worden wäre; so aber seien seine Ausführungen zu dunkel. Zwei Punkte besonders sind hervorzuheben, durch welche sich Homes Lehre vom Gewissen von der Butlers unterscheidet:

1) Nach Home ist das Gewissen weder eine beigeordnete noch auch eine übergeordnete Triebfeder, sondern der **Führer und Lenker der Triebfedern**. Das moralische Gefühl findet Affekte vor, und seine Aufgabe ist es, diese Affekte durch Zustimmung zu verstärken oder durch Versagung der Zustimmung einzudämmen; es selbst aber ist kein Affekt[1]). 2) Die Herrschaft des Gewissens besteht keineswegs allein in einer Handlung der Überlegung (reflection), sondern sie entspringt aus einer unmittelbaren Empfindung, die sich unserer bemächtigt, sobald der Gegenstand sich darstellt. Bei der ethischen Schätzung redet ja gewiss die Vernunft mit, allein um mit v. Hartmann zu sprechen, immer „hat die Empfindung den Vorrang, und das Urteil spaziert nur als der hülfreiche Diener hinterdrein[2])."

Zart[3]) schätzt das Verdienst Homes um die Lehre von der Unbeugsamkeit des Pflichtgebotes so hoch, dass er keinen Anstand nimmt, ihn mit den Namen eines „englischen Kant" auszuzeichnen. Er nennt Homes Anschauung „eine Vorandeutung und Vorbereitung eines späteren Standpunktes, die in Form der Vorahnung auftritt."

---

1) Siehe weiter unten, S. 31.
2) E. v. Hartmann a. a. O., S. 111.
3) Zart, a. a. O., S. 230.

Grossen Wert legt Home auf die Unterscheidung der primären und sekundären Tugenden. Bereits in dem oben[1]) erwähnten Briefe an Clarke — 28 Jahre vor dem Erscheinen der Essays — neigt er stark zu dieser Ansicht. Die Begriffe „Grossmut, Güte, Selbstsucht" hätten gar nicht gebildet werden können, gäbe es nicht eine Reihe von Thaten, denen der Charakter der strengen Verbindlichkeit fehlt. Man nennt einen Menschen, der seine Schulden bezahlt, nicht grossmütig; und ebensowenig heisst der, welcher sie nicht bezahlt, selbstsüchtig, sondern schlecht. In den Essays widmet Home der Behandlung der beiden Tugendgattungen ein besonderes Kapitel. Er weist darauf hin, dass die Haupttugenden diejenigen sind, ohne welche ein Zusammenleben der Menschen undenkbar wäre, die Hülfstugenden dagegen diejenigen, ohne welche die Gesellschaft bestehen könnte, wenn gleich minder vollkommen. Es ist daher, vom teleologischen Standpunkte aus betrachtet, eine treffliche Einrichtung unserer Natur, dass das moralische Gefühl, während es die Hülfstugenden nur anpreist, die Haupttugenden geradezu fordert und ihre Übertretung mit Gewissensbissen straft. Aber werden da die Hülfstugenden nicht Gefahr laufen, vernachlässigt zu werden? Auch dies wird durch die Einrichtung unserer Natur verhindert. Sind auch keine Strafen auf die Verletzung der Hülfstugenden gesetzt, so wird doch ihre Erfüllung belohnt, und zwar „durch das Bewusstsein unseres inneren Wertes und durch den Ruhm und den Beifall der Welt". (S. 55).

Diese Trennung der Pflichten in solche von enger und solche von weiter Verbindlichkeit finden wir bei Wolff und seiner Schule, sowie bei den Eklektikern (z. B. Sulzer) wieder; von ihnen hat sie sodann Kant entlehnt[2]). Auch bei Kant sind die „vollkommenen" oder „unnachlasslichen" Pflichten diejenigen, ohne die das menschliche Geschlecht

---

[1] S. 10.
[2] Vgl. Hegler, die Psychologie in Kants Ethik. Freiburg i. B., 1891. S. 266.

nicht bestehen könnte, während die „unvollkommenen" oder „verdienstlichen" Pflichten für die Gesellschaft weniger wesentlich sind¹). Bei ersteren erkennen wir, dass ihre Verletzung eine Maxime wäre, die unmöglich ein allgemeines Gesetz werden kann, und diese Einsicht lehrt uns unsere Schuldigkeit zu erfüllen. Wie aber bei den unvollkommenen Pflichten? Eine Maxime, zu dem Wohle des Nächsten nichts beizutragen, könnte wohl als allgemeines Gesetz bestehen; ein logischer Widerspruch kann hier nicht gefunden werden. Aber, so fährt Kant fort, höchst merkwürdigerweise in die egoistische Moral verfallend, die er sonst so verpönt: der Mensch kann nicht wollen, dass eine solche Maxime allgemeingültig werde, „indem der Fälle sich doch manche ereignen können, wo er Anderer Liebe und Teilnehmung bedarf, und wo er durch ein solches aus seinem eigenen Willen entsprungenes Naturgesetz sich selbst alle Hoffnung des Beistandes, den er sich wünscht, rauben würde²)."

Dass dies keine ethische Begründung der Pflichten zweiten Grades ist, muss Jeder zugeben; die Pflichten des Wohlwollens und der Menschenliebe sind hier auf den nakten Egoismus gegründet. Wie viel mehr befriedigt uns da die Begründung Homes, dass die Erfüllung der Pflichten des Wohlwollens belohnt wird durch das freudige Bewusstsein, sich über das Durchschnittsmass des Verlangten erhoben zu haben. Hiergegen könnte höchstens noch eingewandt werden, der sittliche Mensch solle niemals glauben, mehr als seine Pflicht gethan zu haben. Dies ist in so fern gewiss richtig, als man in der Erfüllung der wesentlichen und der verdienstlichen Pflichten gleichen Eifer zeigen soll. Im Bewusstsein aber ist der Unterschied der Grade nicht zu verkennen. Wir müssen Home zugeben, „dass kein Mensch so vorteilhaft von sich selbst denkt, weil

---

1) Kant: Grundlegung zur Metaphysik der Sitten, ed. Kirchmann S. 44 ff.
2) ebend. S. 47.

er eine gerechte, als weil er eine edelmütige Handlung verrichtet". (S. 54).

Eine andere Frage wäre die, wo denn die Grenze ist, welche die verdienstlichen Handlungen von den strengen Pflichten sondert; doch davon später [1]). In einem Punkt nun ist Home mit allen Moralphilosophen, an denen er bis jetzt Kritik geübt hat, einig: Sie alle haben die **unschätzbare Bedeutung der Gefühle** erkannt, sie alle haben die Moral in enger Verbindung mit der Psychologie behandelt. Mit dieser Übereinstimmung ist eine zweite unvermeidlich verknüpft: alle jene Moralsysteme sind **autonom**. Denn ist die Sittlichkeit uns ins Herz geschrieben, geben unsere Gefühle Aufschluss über den Unterschied von gut und böse, so bedarf es keines von aussen kommenden Gesetzes; es wäre zwecklos, wenn es geböte, wozu ohnehin die Natur uns antreibt, es wäre sinnlos, wenn es geböte, was unserer Natur widerspricht.

Zu allen Zeiten hat es Vertreter der heteronomen Moral gegeben. Ihre Lehre gipfelt in der Behauptung, dass erst der Ausspruch und der Wille Gottes einen Unterschied zwischen Tugend und Laster hervorbringe. Home nennt in seiner Polemik keine besonderen Vertreter jener Pseudomoral, sondern bekämpft sie im Allgemeinen und zwar mit dem bekannten Argument, dass wir niemals dem göttlichen Wesen die Prädikate der Güte und der Heiligkeit, der Liebe und der Gerechtigkeit beilegen könnten, wenn wir nicht vorher eine Erkenntnis von dem Unterschiede zwischen Tugend und Laster besässen. Wenn die Vertreter der heteronomen Moral mit ihrem Satze nichts anderes sagen wollten, als dass wir von dem Schöpfer eine Anlage zur Sittlichkeit empfangen haben und dass in sofern die Sittlichkeit von ihm abhängt, so liesse sich da-

[2] S. 71.

gegen nichts einwenden. Ein anderes ist es aber, zu behaupten, die Entfaltung der sittlichen Anlagen ist dem göttlichen Willen gemäss, ein anderes, anzunehmen, der Mensch sei von Natur gegen Tugend und Laster gleichgültig und zu ersterer nur durch den willkürlichen Befehl eines Oberherrn verpflichtet.

Nun giebt es aber noch eine andere Reihe von Denkern, die zwar die Sittlichkeit auf autonomer Grundlage errichten, gleichwohl aber Home als auf einem ganz falschen Wege befindlich erscheinen: es sind die Intellektualisten, die die Vernunft an die Stelle des Gefühls setzen. Die bekanntesten Lehrer der Verstandesmoral in der ersten Hälfte des vorigen Jahrhunderts sind Samuel Clarke[1]) und William Wollaston. Clarke lehrt: Aus der ewigen und unwandelbaren Natur der Dinge ergeben sich Gesetze für unser Verhalten gegen dieselben. Die Pflanze ist ein vegetatives Wesen: es ist schicklich, sie als ein solches zu betrachten, d. h. ihr Wachstum zu befördern. Das Tier ist ein empfindendes Wesen: es ist schicklich, es als ein solches zu betrachten, d. h. ihm keinen Schmerz zuzufügen, etc. So entspringt auch die Pflicht des Gehorsams gegen Gott aus seiner Eigenschaft als Herrscher der Menschen.

Das erste, was Home gegen obige Sätze geltend macht, ist ihre Ungeeignetheit, den Menschen als Richtschnur zu

---

2) Clarkes Lehre, dass aus den ewigen und notwendigen Unterschieden der Dinge moralische Verpflichtungen der Menschen gegen die Dinge erwachsen, wird allgemein als ein Moralprincip der Vernunft aufgefasst. E. v. Hartmann (a. a. O., S. 131 ff.) ist meines Wissens der Einzige, welcher sie ein ästhetisches Moralprincip nennt. Wiewohl, meint er, Clarke sein Princip als fitness of things (aptitudo rerum) bezeichnet, so werde jene Angemessenheit doch erläutert „als geziemende Einordnung in die Harmonie des Universums". In der weiteren Ausführung des Clarke'schen Systems nähert sich aber auch v. Hartmann wieder der gewöhnlichen Auffassung, wenn er gesteht, „dass der Einblick in die universelle Harmonie derjenige Punkt ist, wo die ästhetische Betrachtung am unmittelbarsten an die rationalistische streift" (S. 132) und wenn er an Clarke rühmt, „dass er sich eine Beschränkung auf die ästhetische Seite der Betrachtung nirgends ausdrücklich auferlegt hat". (S. 133).

dienen. Derartige Schlüsse sind dunkel und der grossen Menge unverständlich. Die Vernunft ist „ein schwaches Prinzipium" (a weak principle). „Für den grossen Haufen der Menschen, der wenig Fähigkeit hat, abstrakte Schlüsse durchzudenken, muss es allemal ein schwaches Prinzipium sein, wie viel Kraft es auch immer bei den Gelehrten und Tiefsinnigen haben mag." (S. 74).

Dieser Einwand, bemerkt Home, ist unter der Voraussetzung erhoben, dass die Schlüsse wenigstens richtig sind; dies ist aber nicht einmal der Fall. Wenn Clarke behauptet, dass, weil Gott unser Oberherr ist, es schicklich sei, ihm zu dienen, so fragt Home mit vollem Recht, auf welchem Grundsatz der Vernunft denn dieser Schluss beruht. Es liesse sich — bei Nichtberücksichtigung des moralischen Gefühls — recht wohl denken, dass der Mensch gegen seinen Schöpfer sich auflehnt; ein logischer Widerspruch lässt sich hier schlechterdings nicht auffinden[1]). Clarke begeht hier eine petitio principii, indem er das, was er beweisen will, die moralische Verbindlichkeit, ohne sein Wissen schon als gegeben voraussetzt. Sein Irrtum besteht darin, „dass er das Gesetz, das in unser Herz geschrieben ist, übersieht, und sich die eitle Einbildung macht, dass sein metaphysisches Argument richtig ist, weil es sich trifft, dass die Folge, die er daraus herleitet, richtig ist." (S. 73).

Endlich macht Home noch gegen Clarkes Lehre geltend, dass sie der „Analogie der Natur" widerspricht. Wenn die Erhaltung der Individuen durch den Trieb[2]) der

---

1) Genau so argumentiert Jodl (a. a. O., II, S. 18) gegen Kants Grundgesetz der praktischen Vernunft. „Ist es ein logischer Widerspruch, der verhindert, dass die Maxime, auf der gewisse unsittliche Handlungen beruhen, als allgemeines Naturgesetz nicht einmal gedacht, geschweige denn gewollt werden kann? Sicherlich nicht; dass es kein Depositum, kein Eigentum, keine gegenseitige Unterstützung gebe, lässt sich ohne jeden Widerspruch vollkommen klar vorstellen."

2) Über die Triebe siehe nächstes Kapitel.

Selbsterhaltung, die Fortpflanzung der Gattung durch den Geschlechtstrieb gefördert wird, so ist der Analogieschluss berechtigt, dass die Pflichten gegen unsere Nebenmenschen gewiss nicht der „kalten Vernunft" allein überlassen sind.

Nicht minder scharf ist Homes Polemik gegen Wollaston, der in seinem „wunderlichen" (whimsical) Systeme alle Laster auf die Lüge zurückführt; aus der Unsittlichkeit der Lüge ergiebt sich ihm dann die Unsittlichkeit aller Laster. Stehlen z. B. ist verwerflich, denn ich behaupte damit, dass fremdes Eigentum meins ist; desgleichen ist der Ehebruch unsittlich, denn ich stelle damit die Behauptung auf, dass meines Nächsten Weib mir gehört. Treffend weisst nun Home auf die Unnatürlichkeit hin, mit welcher Wollaston allen so verschiedenen Lastern den gleichen Stempel aufzudrücken sich bemüht. Sodann wirft er ihm dieselbe petitio principii vor, die er bei Clarke aufgedeckt hat. Warum, fragt Home, ist Diebstahl eine Lüge? Doch wohl, weil der Dieb den Unterschied zwischen „Mein" und „Dein" verwischt. Was bedeutet aber: „Dies ist mein?" Nichts anderes als: Ich habe ein Recht auf den alleinigen Besitz, und es ist daher unrecht, wenn ein Anderer es mir raubt. Die Begriffe von „recht" und „unrecht" sind hier also schon vorausgesetzt. Was nun vom Diebstahl gesagt ist, lässt sich ebenso auf die anderen Laster anwenden, die Wollaston in das Gewand der Lüge kleidet.

Schliesslich aber dürfte man doch von Wollaston erwarten, dass er nun wenigstens die Unsittlichkeit der Lüge erweise. Dies aber hat er keineswegs gethan, sondern es der Überzeugung eines Jeden überlassen. Mit demselben Rechte jedoch hätte er dann auch die übrigen Laster unserer inneren Überzeugung überlassen können.

Der scharf ablehnende Standpunkt, den Home gegenüber der Vernunftmoral einnimmt, kann nicht kürzer und schärfer gekennzeichnet werden, als durch einen Ausspruch in den „Sketches:" „To maintain that the qualities of right and wrong are discoverable by reason, is no less absurd than that truth and falsehood are discoverable by the moral sense¹)". („Die Behauptung, die Eigenschaften von recht und unrecht könnten von der Vernunft entdeckt werden, ist nicht weniger absurd, als die, dass Wahrheit und Irrtum durch das moralische Gefühl entdeckt werden können").

Zweites Kapitel.
Theorie der Affekte.

Das Verhältnis des moral sense zu den Affekten. Kritik des extremen Altruismus. Die Sorge für das Gesammtwohl. Der Grund des Vergnügens an tragischen Gegenständen und Kritik des absoluten Egoismus. Tabelle der Affekte. Eingehende Polemik gegen Humes Theorie von der Gerechtigkeit als einer künstlichen Tugend: Nachweis der Ursprünglichkeit des Eigentumsgefühls und des Gerechtigkeitstriebes.

Wir haben jetzt die wahre Grundlage der Sittlichkeit deutlich erkannt. Indem wir die menschliche Natur sorgfältig untersuchten und unsere Augen den Thatsachen der Erfahrung nicht verschlossen, fanden wir, dass der Mensch eine Anlage zur sittlichen Lebensführung besitzt, dass ein ethisches Gefühl in sein Herz gepflanzt ist, um seines erhabenen Amtes zu walten, zu loben und zu tadeln, zu gewähren und zu versagen. Soll das moralische Gefühl aber seine Funktionen ausüben können, so muss es Material vorfinden, so muss etwas vorhanden sein, was zu loben oder zu tadeln, zu gewähren oder zu versagen ist. Dieses Material liefern die Affekte und Leidenschaften. Der Mensch geht nie gleichgültig an der Aussenwelt vorüber. Alles und Jedes macht einen Eindruck nach irgend einer

2) Sketches of the History of Man. Edinburgh 1788. 2. Auflage) IV, S. 189.

Richtung auf ihn; er liebt und hasst, er hofft und fürchtet, er wünscht und verabscheut. Mächtig und stark ist das Getriebe der Leidenschaften, jede Begierde verlangt ihr Recht und will den Sieg über die andern erringen. An diesem Punkte nun tritt das moralische Gefühl sein Amt an; „um zu verhüten, dass wir nicht zu weit gehen oder eine falsche Direktion nehmen, ist das Gewissen gleichsam beim Steuerruder gesetzt" (S. 59). Das moralische Gefühl selbst ist keine Triebfeder, seine Aufgabe ist es vielmehr, die Triebfedern der Handlungen ethisch zu beleuchten und von diesem Gesichtspunkte aus den Stempel des Schönen und Unschönen, des Rechts und Unrechts ihnen aufzudrücken. Schon oben bei der Kritik Butlers hat Home die Sonderstellung des moral sense scharf hervorgehoben, und er wird nicht müde, sie immer und immer von neuem zu betonen. In der That ist auch jene Bemerkung für Homes System von hoher Bedeutung. Gegenüber jenen Denkern, welche die Tugend als schön oder als nützlich hinstellen, hatte er im Namen der Pflicht kräftig seine Stimme erhoben und den in der Theologie so fruchtbaren Begriff des Gebotes für die Philosophie verwertet. Diese Lehre hatte aber eine gefährliche Kehrseite: Sollte sie ihre Wirkung nicht verfehlen, so musste sich Home von einem „starren Rigorismus" nicht minder fernhalten, als er es von einer sentimentalen Lobeserhebung der Tugend that. Er durfte nicht lehren: „Du kannst, denn du sollst", sondern umgekehrt musste die Formel lauten: „Du sollst, denn du kannst". Du kannst, du hast in deiner Natur eine Anlage zum Edlen und Tugendhaften, drum sollst du auch tugendhaft sein. Der moral sense ist kein Affekt, der die anderen aufzuheben vermöchte, denn er ist überhaupt kein Affekt. Er steht nicht den Neigungen als eine Neigung entgegen, sondern er steht über ihnen allen, mischt sich in ihren Kampf und verhilft den höheren zum Sieg über die niederen, den sittlichen über die unsittlichen, den sozialen über die selbstischen. „Man kann also ohne Bedenken den Ausspruch thun, dass keine Handlung unsere Pflicht ist, zu welcher wir nicht durch einen natürlichen Bewegungsgrund oder Prinzipium gereizt werden" (S. 60). Man darf diese Worte nicht so verstehen, als ob Home die Erfüllung der sittlichen Gebote stets für leicht hält. Die Leichtigheit oder Schwierigkeit des Sieges der sittlichen Motive hängt ganz von der geistigen und sittlichen Stufe ab, auf welcher der Einzelne und die Gesellschaft stehen[1]). Nur das will Home sagen, dass es überhaupt Triebe und Neigungen im Menschen giebt, die zur Ausübung der ethischen Vorschriften tendieren, mögen diese Triebe unter gewissen Umständen auch noch so schwach ausgebildet sein.

Wenn wir diese Wahrheit, dass die Sittengesetze stets mit den Trieben und Affekten der menschlichen Natur rechnen müssen, im Auge behalten, anstatt ohne Rücksicht auf die Erfahrungsthatsachen „Systeme zu machen", so werden wir vor den Einseitigkeiten bewahrt bleiben, in die so viele Moralisten verfallen sind. Diese Einseitigkeiten sind nach Home zweierlei Art: Entweder übersehen jene Philosophen die mächtigen selbstischen Triebe und fordern ein gleiches Wohlwollen gegen Alle, oder aber sie verkennen die Ursprünglichkeit der sozialen Affekte und lehren einen extremen Egoismus. Beide Lehrmeinungen werden von Home einer gründlichen Kritik unterzogen.

Was zunächst das System des allgemeinen Wohlwollens angeht, so ist zu untersuchen, ob in irgend einer Weise ein Affekt (principle) des allgemeinen Wohlwollens der menschlichen Natur eigentümlich ist. Wenn wir unsere Natur genau beobachten, so zeigt sich, dass wir zwar einen Trieb besitzen, das Elend uns gänzlich fern stehender Personen zu mindern und ihr Unglück zu erleichtern; handelt es sich aber darum, positives Glück zu befördern und Liebesdienste zu erweisen, da beschränkt sich unsere

1 Worüber weiter (Kap. 4) ausführlicher zu handeln ist.

Teilnahme auf einen mehr oder minder engen Kreis. Unsere Liebe wenden wir vor allen den nächsten Verwandten und Freunden zu, in geringerem Grade schon den Nachbarn und Bekannten, und mit Zunahme der Entfernung nimmt das Wohlwollen immer mehr ab, um endlich ganz zu verschwinden. Wenn demnach Shaftesbury und Hutcheson ein gleiches Wohlwollen gegen alle Menschen fordern, so können sie ihre Forderung nicht auf die menschliche Natur gründen.

Hier machen wir nun eine wichtige Bemerkung. Während wir nämlich keine Neigung in uns verspüren, den einzelnen uns unbekannten Menschen Liebe zu erweisen, so ist das menschliche Geschlecht, als Ganzes genommen, ein Gegenstand, dem wir unsere Zuneigung zuwenden. Wir lieben und schätzen unsere Religion, unser Vaterland, unsere Regierung, das ganze Menschengeschlecht, und hegen eifrige Teilnahme für alle Gesammtinteressen. „Ein glückliches Kunststück" (a happy contrivance) hat hier die Natur zustande gebracht, um den Mangel der Gewogenheit gegen entfernte Personen zu ersetzen. Die einzelnen Menschen, aus denen das Volk, die Religionsgenossenschaft, die Menschheit besteht, können keine Zuneigung in uns wachrufen, sie stehen uns zu fern. „Wenn sie aber unter einem allgemeinen Namen zusammengefasst werden, so können sie unser Herz erwärmen und erweitern." (S. 64). In andere Worte gekleidet würde diese feinsinnige Bemerkung Homes lauten: Es liegt in der Natur des Menschen, Ideale zn bilden, deren Verwirklichung er anstrebt mit allen Kräften, die ihm zu Gebote stehen, und mit aller Begeisterung, der er nur fähig ist. Würde ein gleiches Wohlwollen gegen alle in uns liegen, so würden unsere Aufmerksamkeit und Zuneigung zu sehr geteilt und infolge dessen geschwächt werden. „Die Seele würde durch die Menge der Objekte, die alle einen gleichen Einfluss haben, so zerstreut werden, dass sie in Ewigkeit nicht wissen würde, wo sie anfangen sollte."

(ebend.). In dem oben erläuterten Sinne jedoch, in der Sorge für Angelegenheiten, die der Gesammtheit zugute kommen und ihr Wohl befördern, giebt Home mit Freuden zu, dass es ein „Prinzipium des allgemeinen Wohlwollens" giebt; unterscheidet sich doch gerade durch die Bildung und Verfolgung idealer Bestrebungen die Menschennatur von der tierischen. Dies ist aber etwas wesentlich Anderes als die Behauptung, dass jede auf das eigene Selbst bezügliche Handlung, oder gar die, dass jede Handlung, welche nicht Allen gleichmässig zugute komme, sittlich wertlos sei.

Wir gehen nun zu Homes Kritik des reinen Egoismus über. Zu diesem Zwecke müssen wir den bisher übergangenen ersten Versuch heranziehen, der das bereits im Altertum aufgeworfene Problem des Vergnügens an tragischen Gegenständen behandelt. (Of our attachment to objects of distress). Home bekämft dort zunächst den französischen Ästhetiker Dubos [1]). Die Polemik erweitert sich sodann aber zu einer Kritik des extremen Egoismus, und so hat dieser Gegenstand mit Recht seine Stelle in den Essays erhalten [2]).

Dubos hatte die Frage nach dem Grund unseres Vergnügens an traurigen Darstellungen dahin beantwortet, dass der Mensch, zum handelnden Wesen geschaffen, auf jede Art und Weise die Unthätigkeit zu fliehen strebt und daher Gegenstände aufsucht, die seine Leidenschaften erregen, ungeachtet des Schmerzes, der diese oft begleitet.

Home macht zunächst gegen obige Theorie einige Einwendungen. Wie kommt es, fragt er u. a., dass nicht nur gelangweilte, sondern alle Menschen das gleiche Vergnügen an Tragödien empfinden? Dann aber behauptet Home weiter, die Theorie beruhe auf einer falschen Vor-

---

[1] Jean Baptiste Dubos, Réflexions critiques sur la poésie, la peinture et la musique. Paris 1719.
[2] Die Ausführungen, die nicht streng zu unserem Thema gehören, werden hier füglich übergangen.

aussetzung, dass nämlich der Mensch bei allen Handlungen nichts anderes im Auge habe als Streben nach Lust und Vermeiden von Unlust. In diesem Glauben stimmt Dubos nach Home mit Locke überein, und so wenden sich nun die folgenden Bemerkungen gegen jene Denker, sowie überhaupt gegen alle Vertreter des reinen Egoismus und der damit in engster Verbindung stehenden hedonistischen Anschauung. Ist der Mensch von Natur aus vollkommener Egoist, so wird freilich sein ganzes Sinnen und Trachten auf Erjagen der Lust und Fliehen vor dem Schmerze gerichtet sein, und alles, was er für Andere thut, wird nur in so fern einen Wert für ihn haben, als es ihn selbst befriedigt. Es hat an Vertretern dieser Anschauung nie gefehlt; Mandeville hat sich, wie wir wissen, in seiner berühmten „Bienenfabel" nicht einmal gescheut, die Laster des Einzelnen als notwendig und vorteilhaft für die Gesammtheit hinzustellen. Es giebt keine selbstlosen Handlungen: Wohlwollen, Liebe, Neigung, Mitleid, das ist alles eitel Lug und Trug, Schein und Heuchelei. Diese Lehre bekämpft Home aufs äusserste, nicht aber, indem er die Sittlichkeit ihrer Urheber anzweifelt — eine nur zu oft geübte Kampfmethode — sondern indem er vorurteilslos, in die Tiefen der menschlichen Natur taucht, um aus ihnen die Wahrheit an das Licht zu fördern: Die selbstischen und die selbstlosen, die individuellen uud die sozialen Affekte sind gleich ursprünglich, nicht erst sind die altruistischen aus den egoistischen entstanden und aus ihnen zu erklären.

Wenn wir nämlich unsere Natur mit Aufmerksamkeit untersuchen, so stossen wir auf einen doppelten Gegensatz der Gefühle in Bezug auf äussere Gegenstände. Wir unterscheiden einerseits „angenehme Gefühle" (Lustgefühle, pleasant impressions) und „unangenehme Gefühle" (Unlustgefühle, painful impressions), andererseits solche, die mit „Zuneigung" (Verlangen, desire) und solche, die mit „Abneigung" (Widerwillen, aversion) verbunden sind. „In der

Kindheit sind Begierde und Leidenschaft die einzigen Triebfedern unserer Thätigkeit. Aber in dem Fortgang des Lebens, wenn wir die Gegenstände um uns unterscheiden lernen, die angenehme oder unangenehme Empfindungen wirken, erlangen wir andere Triebfedern". (S. 9). Lust und Unlust sind also etwas Sekundäres, das Primäre sind die instinktiven Triebe, die schon vor aller Einwirkung der vernünftigen Überlegung vorhanden sind, und „da die Vernunft auf keine Art einen Einfluss darein hat, so macht auch die Absicht, Unglück zu vermeiden und Glück zu erlangen, keinen Teil des Triebes aus, der uns in Bewegung setzt" (S. 10). Die Triebe erregen also den Willen unbekümmert um Vorteil oder Nachteil, um Lust oder Schmerz. „Das ist wahr", setzt Home hinzu, „dass die Befriedigung unserer Begierden und Leidenschaften angenehm ist." Wenn die Triebe ihr Ziel erreichen, so tritt als Begleiterscheinung Lust, verfehlen sie ihr Ziel, Unlust ein. „Allein diese Dinge müssen mit dem unmittelbaren Antriebe, der aus der Begierde oder Leidenschaft entspringt, nicht vermischt werden" (ebend).

Die Erfahrung lehrt, dass wir zuweilen sogar die Neigung haben, Gefühlen der Unlust nachzuhängen. Hat ein Fremder mich beleidigt, so trachte ich danach, Vergeltung zu üben. Ist der Beleidiger indes mein Freund, so ist es mir unmöglich, ihm ein Leid zuzufügen; das Einzige, was ich wünsche, ist, dass er sein Unrecht erkenne. Zu diesem Zwecke verzehre ich mich in Unmut, gehe mürrisch und verdriesslich einher und verbittere mir so selbst das Leben. Ein von seinem Geliebten verlassenes Mädchen wirft sich oft einem Unwürdigen in die Arme und stürzt sich so selbst ins Elend. In beiden Fällen, meint Home, ist es der sympathetische Trieb, der das Rachegefühl von dem Beleidiger auf den Gekränkten ableitet. Deutlicher noch wirkt der Trieb der Sympathie bei der Trauer um einen gestorbenen Freund oder Anverwandten. Vergeblich sucht man den Leidtragenden zu trösten, er weist jedes Trostwort zurück.

Wiederum ist es die Sympathie, welche bewirkt, dass er jede Gelegenheit meidet, seinem Schmerz Erleichterung zu verschaffen. „Bei dieser Art der Leidenschaft ist allemal ein Verlangen, ihnen nachzuhängen, sowohl wenn sie uns Schmerz, als wenn sie uns Vergnügen machen". (S. 17). So ist das Gefühl des Mitleids, das uns antreibt, Unglücklichen zu helfen, stets mit Unlustmomenten verknüpft, die aus dem Anblick des Elends entstehen. Wie wollen Locke und die anderen Denker, welche die Hypothese der Selbstliebe aufgestellt haben, eine solche Erscheinung erklären? In der That haben sie zu dem Paradoxon ihre Zuflucht nehmen müssen, dass wir den geselligen Neigungen lediglich zu unserer eigenen Befriedigung nachhängen. Aber sieht man nicht deutlich, dass die Erklärung unbefriedigt lässt, dass hier nur ein aufgestellter Satz verteidigt werden soll? Es sollen nun einmal alle Affekte aus einem Prinzip erklärt werden, und da wird ohne Bedenken der Natur Gewalt augethan, „und es ist sonderbar zu sehen, wie sie ein jedes gesellige Prinzipium drehen und martern, um ihm den Schein des Eigennutzes zu geben". (S. 80). Allein alle Versuche, die sympathischen Triebe aus dem Egoismus abzuleiten, sind misslungen und mussten misslingen, da eben Wohlwollen, Edelmut, Dankbarkeit, Mitleid, Liebe und Freundschaft als qualitativ von der Selbstliebe verschieden deutlich empfunden werden.

Nachdem Home jetzt die Ursprünglichkeit der altruistischen Gefühle erwiesen hat, ist es ihm ein Leichtes, das Problem des Vergnügens an Tragödien zu lösen. Die menschliche Natur drängt zur Bethätigung ihrer Affekte, einerlei, ob dadurch Lust oder Unlust entsteht. Der Mensch sehnt sich danach, mit dem Unglücklichen zu leiden, mit dem Glücklichen sich zu freuen, den Trefflichen zu loben, den Bösewicht zu verdammen, dem Wohlthäter Dank zu bezeugen und an dem Widersacher rächende Vergeltung zu üben. Er weiss, dass diese seine Neigungen im Trauerspiel Gelegenheit finden, sich zu entfalten, und dies zieht ihn ins Theater. Homes Theorie ist dieselbe, die einst Aristoteles aufgestellt hat, mit dem einzigen Unterschiede, dass Aristoteles nur von Furcht und Mitleid spricht, während nach Home die Tragödie „Freundschaft, Besorgnis für die Tugendhaften, Abscheu an den Lasterhaften, Mitleid, Hoffnung, Furcht und das ganze Gefolge der geselligen Leidenschaften" erweckt und ausbildet.(S. 15). Home vergisst auch hier nicht, auf die teleologische Bedeutung der psychologischen Thatsache hinzuweisen. Menschen, die vom Glück begünstigt sind und Kummer und Elend nicht kennen, laufen Gefahr, hartherzig und und unempfindlich zu werden. „Denn so wie die Leidenschaften stärker werden, wenn man sie übt, so werden sie schwächer, wenn es ihnen an Übung fehlt". (S. 20). Da ersetzt nun die Bühne das wirkliche Leben, indem sie fingierte Gegenstände des Mitleids darbietet und so die Affekte in Übung und Bethätigung erhält[1]).

So hat Home denn, nachgewiesen, dass weder der einseitige Egoismus noch auch der einseitige Altruismus in der menschlichen Natur gegründet ist. Treffend sagt sein Freund David Hume einmal in seinen „Prinzipien der Moral" von jenen Theorien: „Alle derartigen Versuche haben sich bisher als fruchtlos erwiesen und scheinen nur aus jener Liebe zur Einfachheit herzurühren, welche in der Philosophie die Quelle vieler falschen Schlüsse gewesen ist[2])."

Home stellt nunmehr die Triebe auf, die, wie er sagt, dem Menschen als solchem zukommen und die allgemeine

---

[1] Es sei hier auf Paulsens lichtvolle Kritik des Hedonismus hingewiesen; er stellt ihm die „energistische" Auffassung gegenüber, die mit der oben dargelegten Lehre Homes viele Berührungspunkte hat. Auch die Frage nach der Ursache des Vergnügens an tragischen Gegenständen erklärt er in derselben Weise wie Home (Paulsen: System der Ethik, 3. Aufl. 1894, I, S. 224—259).

[2] D. Hume: Eine Untersuchung über die Prinzipien der Moral. Deutsch von Masaryk. Wien 1883. S. 137.

menschliche Natur ausmachen. Sie zerfallen in Triebe, die sich auf die eigene Person und solche, die sich auf Andere beziehen (selbstische und soziale Affekte).

Zu den selbstischen Affekten gehört:

1) Der Trieb der Selbsterhaltung (die Liebe zum Leben, self-preservation), der stärkste unter allen Trieben. Der Schmerz ist sein Beaufsichtiger, er warnt vor allem, was dem Leben gefahrdrohend ist, und lehrt, das Vergnügen der Erhaltung hintanzusetzen.

2) Der Trieb der Selbstliebe (das Verlangen nach Glückseligkeit, self-love). Er ist stärker als irgend einer der sozialen Triebe, was sich aus den eingeschränkten Fähigkeiten des Menschen ergiebt, der „mehr Vermögen, Einsicht und Gelegenheit hat, seine eigene Wohlfahrt, als die Wohlfahrt Anderer zu befördern". (S. 67 f.).

Zu den sozialen Affekten gehört:

1) Der Trieb zur Gerechtigkeit.

2) Der Trieb zur Wahrheit.

4) Der Trieb zur Treue, zur Erfüllung gegebener Versprechungen und eingegangener Bedingungen.

4) Der Trieb zur Dankbarkeit.

5) Der Trieb des Wohlwollens, der Menschenliebe, der sich äussert

a) als Mitleid (compassion) oder als Trieb, Unglücklichen zu helfen;

b) als Trieb, das Glück Anderer zu befördern.

Letzterer äussert sich stärker oder schwächer, je nach der Nähe und Grösse der Objekte, auf die er gerichtet ist.

Nach diesen allgemeinen Trieben werden die Hauptgesetze der Ethik aufzustellen sein, indem die Aussage des moralischen Gefühls über jene Affekte zu Rate gezogen wird. Die besondern Begierden und Leidenschaften, wie Ehrgeiz, Habsucht, Neid etc., die zu dem allgemeinen Triebe der Selbstliebe gehören, dürfen zwar in einer Sittenlehre nicht übergangen werden; Home aber will keine vollständige Sittenlehre, sondern nur die **Hauptgesetze** der Moral geben.

Bevor er indessen daran geht, dieselbe aufzustellen, nimmt er noch einen Kampf mit einem mächtigen Gegner auf, mit David Hume. Hume setzt in seiner schon mehrfach erwähnten Erstlingsschrift „A treatise of human nature" auseinander, dass die moralischen Unterschiede nicht von der Vernunft, sondern von dem „moralischen Gefühle" (moral sense) abzuleiten sind [1]). So weit stimmt er demnach mit Home überein. Dann aber [2]) wirft er die Frage auf, ob die Gerechtigkeit eine natürliche oder eine künstliche Tugend sei (whether a natural or artificial virtue), und gelangt zu dem merkwürdigen Resultat, dass die Tugenden der Gerechtigkeit und der Treue, im Gegensatz zu den übrigen Tugenden, nicht natürlich seien; im sogenannten Naturstaat (state of nature) gäbe es die Begriffe „Eigentum" und „Gerechtigkeit" überhaupt nicht: erst die Gesellschaft habe sie künstlich erzeugt.

Ein derartiges Paradoxon forderte den Widerspruch geradezu heraus. Bekannt ist die Entgegnung von Adam Smith, der in seiner „Theory of moral sentiments" die Natürlichkeit der Gerechtigkeit Hume gegenüber verteidigt, indem er sie aus dem Vergeltungstriebe ableitet. Allein Smith ist nicht, wie man gewöhnlich annimmt, der erste, welcher Hume in diesem Punkte entgegentrat, sondern vor ihm hat bereits Home auf die Schwächen der Humeschen Theorie hingewiesen und ihrer Widerlegung, in Anbetracht der Berühmtheit ihres Urhebers, das ganze siebente Kapitel seines zweiten essay gewidmet.

Soweit wir die Geschichte des Menschen zurückverfolgen können, behauptet Home, finden wir ihn mit dem Gefühl von Eigentum begabt. Der Jäger hält das von ihm erlegte Wild für sein Eigentum, der Fischer ist sich bewusst,

---
1) D. Hume: A treatise of human nature, ed. Green and Grose, 1874, II, S. 233 ff.
2) ebend S. 252 ff.

dass der Inhalt seines Netzes ihm gehört, der Hirt macht Anspruch auf den vollen und ungestörten Besitz seiner Herde und der von ihr gewonnenen Erzeugnisse, der Ackerbauer lebt der Überzeugung, das die Früchte des von ihm bebauten Feldes die seinigen sind. Das Gefühl des Eigentums ist dem Menschen als solchem natürlich, denn es korrespondiert dem Selbsterhaltungstrieb, dessen Existenz doch wohl von jedem zugegeben wird. Der Trieb der Selbsterhaltung äussert sich in verschiedenen Formen; eine derselben ist der Trieb zum Sammeln, zum Sparen, zum Aufhäufen von Vorräten und Schätzen. Diese Form des Selbsterhaltungstriebes, der Sammeltrieb (einen besondern Namen hat die Sprache dafür nicht gebildet; wenn er abnorm auftritt, so heisst er „Geiz"), setzt das Gefühl vom Eigentum als selbstverständlich voraus. Wozu das Aufhäufen und Sammeln, wenn jeder auf das Gesammelte das gleiche Anrecht hat, wie der Sammler? Wozu arbeite ich im Schweisse meines Angesichts, um mir Unterhalt zu verschaffen, wenn ich nicht weiss, dass ich ihn mir verschaffe, und wenn nicht auch jeder Andere weiss, dass das Erworbene mein alleiniges Eigentum ist, über das ich nach freier Willkür verfügen kann? „Zwischen einem jeden Menschen und den Früchten seiner Arbeit entsteht ein Verhältnis, und dies ist eben das, was wir ein Eigentum nennen: ein Verhältnis, welches er selbst erkennt und jeder Andere gleichfalls erkennt". (S. 79 f). In allen Sprachen sind die Ausdrücke „Mein" und „Dein" gebräuchlich, selbst Wilde kennen sie und Kindern sind sie geläufig. Was mir gehört, davon weiss ich, dass kein Anderer ein Anrecht darauf hat, und nimmt er es mir dennoch, so empfinde ich dies als einen Eingriff in meine Rechtssphäre, als einen Verstoss gegen die Gerechtigkeit. Und nicht nur ich empfinde so, sondern auch Jener, der den Verstoss begeht, weiss, dass er nicht nur das **Staatsgesetz** missachtet, welches einen solchen Übergriff verbietet, sondern auch dem **Moralgesetz** zuwiderhandelt.

Auch der unbeteiligte Zuschauer betrachtet eine solche That als den Anforderungen der Sittlichkeit zuwiderlaufend. Mithin ist es einleuchtend, dass das Gefühl vom Eigentum ursprünglich ist und nicht erst der Gesellschaft sein Dasein verdankt. Mit dieser Widerlegung jedoch giebt Home sich noch nicht zufrieden, er geht weiter und stellt nun seinerseits die Behauptung auf, dass ohne das Vorhandensein des Eigentums- und des Gerechtigkeitsgefühls sich nie eine Gesellschaft hätte bilden können. Gab es vor Einrichtung der Staatsverfassung kein Gefühl für Besitz und Eigentum, so muss notwendigerweise der ursprüngliche Zustand der Menschen der eines bellum omnium contra omnes gewesen sein. Hobbes, der in der Auffassung der Gerechtigkeit mit Hume derselben Meinung ist, vertritt in der That diese Ansicht: aber auch Hume muss die Folgerung zugeben. Herrschte nun aber im Naturstaat der Krieg Aller gegen Alle, waren dem Naturmenschen die Gerechtigkeit und ihr Objekt, das Eigentum, unbekannte Begriffe, so fordert Home von Hume die Erklärung, „durch welche überwiegende Kraft, durch welches Wunderwerk Leute, die so beschaffen waren, jemals so weit kamen, dass sie sich in eine Gesellschaft vereinigten". „Wir können", fährt er fort, „zuversichtlich den Ausspruch thun, dass eine so ausserordentliche Veränderung in der Natur des Menschen durch natürliche Mittel nie habe können erreicht werden". (S. 81)[1]), während andererseits bei Annahme der Ursprünglichkeit jener Gefühle das Entstehen der Staaten

---

1) Sigwart (Vorfragen der Ethik, Freiburg i. B. 1886, S. 44) macht eben dasselbe Argument gegen die Verfechter des absoluten Egoismus geltend. „Wenn gesagt wird, dass die Natur dem Menschen den nakten Egoismus eingepflanzt habe und die Geschichte allein die sittliche Gesinnung hervorbringe (z. B. Jhering, Zweck im Recht, II, S. 115), so ist damit ein Gegensatz zwischen Natur und Geschichte aufgestellt, der die Geschichte selbst unerklärlich zu machen droht. Die Geschichte des Menschen kann doch nur die Entwicklung seiner Natur sein; wären in dieser nur selbstsüchtige Motive angelegt, so könnte auch die Geschichte keine anderen zeigen".

leicht erklärlich ist. Zuerst nämlich vereinigten sich Wenige zum gegenseitigen Beistand und Schutz gegen diejenigen, welche ihren Besitz bedrohten, die kleinen Gemeinschaften vergrösserten sich allmählich, und mit ihnen wurden auch ihre Einrichtungen, Bestimmungen uud Gesetze mannigfaltiger und komplizierter.

Wie natürlich und ursprünglich das Gefühl vom Eigentum ist, lässt sich übrigens auch aus der eigenartigen Zuneigung ermessen, die ein Jeder für seinen Besitz hat. Eine Sache kann an und für sich recht geringen Wert haben: dadurch aber, dass ich sie mein nenne, erhält sie für mich einen ideellen Wert, so dass ich sie um keinen Preis mit einem andern Exemplar gleichen oder selbst höheren Wertes vertauschen würde [1]).

Home hält es jedoch in dieser wichtigen Frage noch nicht für zureichend, den Grund der Lehre seines Gegners umgestossen zu haben: er will ausserdem einzelne Punkte besonders beleuchten, um so die Unzugänglichkeit der Hume'schen Theorie noch deutlicher zu erweisen. Zunächst setzt er an Hume aus, dass er die durch die Gesellschaft entstandene — Gerechtigkeit auf ein allgemeines Gefühl vom Gemeinwohl zurückführt, was um so auffälliger ist, als Hume selbst an anderer Stelle das Gemeinwohl als einen Beweggrund kennzeichnet, der für die grosse Menge zu entfernt und zu hoch sei, um sie in ihrem Handeln sonderlich beeinflussen zu können.

Unverständlich bleibt es Home ferner, warum die Sympathie, die doch nach Hume der Grund aller andern Tugenden ist, nicht auch Grund der Gerechtigkeit sein solle. So gut, wie die Sympathie mich hindert, meinem

---

[1] Schön veranschaulicht dies Gefühl Karl v. Holtei in seinem volkstümlichen ‚Mantellied". Der Mantel hat ein Menschenalter lang die Schicksale des Wachtmeisters mit erlebt, Freud und Leid mit ihm durchgemacht; so ist er sein Freund und Vertrauter geworden, von dem der alte Krieger sein ganzes Leben lang nicht mehr lassen will; ja selbst in das Grab soll sein bester Freund dereinst ihn begleiten.

Nächsten das Leben zu nehmen, kann sie mich auch davon zurückhalten, ihm das zu rauben, was er seinem Fleiss und seiner Anstrengung verdankt[1]).

Nachdem Home endlich von den der Gerechtigkeit verwandten Tugenden der Wahrhaftigkeit und der Treue, deren Ursprünglichkeit Hume gleichfalls leugnet, mit Leichtigkeit gezeigt hat, dass sie dem Menschen nicht minder natürlich sind als das Gerechtigkeitsgefühl, beendet er seine Polemik gegen Hume mit der Bemerkung, dass wir schon a priori nach der Analogie schliessen, die Gerechtigkeit werde keine Sonderstellung unter den Tugenden einnehmen, sie werde vielmehr einer natürlichen Neigung entspringen, wie das Mitleid, das Wohlwollen, die Freundschaft, die Liebe und die übrigen „eigentlich so genannten geselligen Neigungen". Die Richtigkeit dieses apriorischen Analogieschlusses ergiebt sich dann, wie wir gesehen haben, bei der näheren Untersuchung.

[1] Wundt in seiner „Ethik" (2. Aufl., Stuttgart 1892, S. 332 f) ist der Ansicht, Hume habe den Mangel der Gefühlsmoral eines Hutcheson erkannt, dass sie nämlich „zwischen den sittlichen und anderen natürlichen Affekten keinen prinzipiellen Unterschied anerkennt". Dieser Mangel dürfte Hume veranlasst haben, „zur Ergänzung seiner Theorie wesentliche Bestandteile der bisherigen Reflexionsethik sich anzueignen". Wenn jene Erwägung wirklich Hume zu seiner Theorie über die Gerechtigkeit gedrangt hat, so ist m. E. durch diese Annahme für die Erklärung der „Entstehung sittlicher Normen von verpflichtender Kraft" nicht das Geringste gewonnen. Denn die durch Reflexion entstandene Gerechtigkeit hat nach Hume mit den natürlichen Tugenden das gemeinsam, dass sie, wie jene, ihren Ursprung in der Selbstliebe hat. Wundt selbst erklärt zur Stelle den Ursprung der Gerechtigkeit (nach Hume) aus der Erwägung, „dass wir durch eine Einschränkung unserer selbstischen Triebe mehr gewinnen, als wenn wir denselben frei die Zügel schiessen lassen".

Drittes Kapitel.
Die Hauptgesetze der Moral.
Definition des Begriffes „Hauptgesetze". Das Fehlen der
Pflichten gegen sich selbst. Ableitung und Aufzählung
der Hauptgesetze. Die Verschiedenheit des Umfangs von
Ethik und Recht.

Das erste Kapitel hat uns als Grundlage aller Moral
das im menschlichen Herzen wohnende ethische Gefühl
nachgewiesen; dieses Gefühl — so sahen wir — hat den
Beruf, die Affekte zu beaufsichtigen und zu leiten. Von
den beiden Klassen der Affekte aber erkannten wir im
zweiten Kapitel, dass die selbstischen sowohl, als auch die
sozialen in der menschlichen Natur gegründet sind: beide
sind gleich ursprünglich, eine Ableitung der einen Klasse
aus der andern daher notwendigerweise irrig. Wenn also
Home seinem zweiten essay die Überschrift gab: „Of the
Foundation and Principles of the Law of Nature", so hat
er sich eigentlich am Ende des siebenten Kapitels seiner
Aufgabe entledigt. Mit Überraschung lesen wir daher am
Anfang des achten Kapitels den Satz: „Unsere Absicht
bei dem gegenwärtigen Versuch war hauptsächlich, einen
kurzen Abriss und einen flüchtigen Entwurf von den Hauptgesetzen der Natur zu machen, in sofern sie aus ihrer
einzigen wahren Quelle, aus der menschlichen Natur, hergeleitet werden, und jetzt sind wir so weit gekommen, dass
wir diese Absicht ausführen können" (S. 89.) Denn darüber
kann kein Zweifel obwalten, dass es Home in Wirklichkeit
mehr auf die Erforschung jener „einzigen wahren Quelle" der
Sittengesetze ankommt, als auf die Aufstellung der Gesetze
selbst: er hätte andernfalls nicht so grosse Mühe darauf
verwandt, die ihm irrig scheinenden Lehren seiner Vorgänger über die Grundlage des Sittengesetzes und über
die Natur der Affekte zu bekämpfen und zu widerlegen,
um dann seinen Lesern einen — wie er selbst sagt —
„kurzen Abriss" der Moralgesetze, und nicht einmal

sondern nur der Hauptgesetze vorzulegen. Wir dürfen daher die oben zitierten Worte Homes nicht urgieren, um so weniger, als er fortfährt: „Ich unternehme diese Arbeit, bloss um eine Probe von der Schlussart zu geben, die bei diesem Gegenstande allein stattfindet; denn eine vollständige Abhandlung ist weit über meine Kräfte" (ebend.). Die letzte Bemerkung mag die Bescheidenheit unserem Philosophen in die Feder diktiert haben; die Wahrheit wird wohl sein, dass die Begründung der Ethik eine wichtigere und schwierigere Aufgabe ist, als das Ableiten der Gesetze. Ist doch, wie Schopenhauer sagt, „in der Ethik weit mehr, als in irgend einer anderen Wissenschaft, das Wesentliche in den ersten Grundsätzen enthalten; indem die Ableitungen hier so leicht sind, dass sie sich von selbst machen[1])."

Bevor Home die Hauptgesetze der Moral (the primary laws of nature) aufstellt, giebt er, im Anschluss an seine bisherigen Darlegungen, eine Definition des Begriffes „Sittengesetze" überhaupt. Da die Affekte Beweggründe der Handlungen abgeben, das moralische Gefühl aber die Affekte reguliert, sie stärkend oder dämpfend und bei einer Kollision dem einen den Vorzug vor dem andern erteilend, so lassen sich die Gesetze der Moral definieren als „Regeln unseres Verhaltens, die auf natürliche Triebe und Grundsätze gebaut, von dem moralischen Gefühl gebilligt und von natürlichen Strafen und Belohnungen eingeschärft werden[2](S.91).

Wir haben schon früher von den beiden Arten des moralischen Gefühls gesprochen, dass es einerseits auftritt als ein dem ästhetischen Beifall verwandtes Gefühl, welches Handlungen lobt und anempfiehlt, andererseits als ein Gefühl, das mit gewaltiger Energie gewisse Handlungen

---

1) Schopenhauer, Reclam-Ausgabe, Werke, III. Grundlage der Moral, S. 494.

2) „rules of our conduct and behaviour, founded on natural principles, approved of by the moral sense, and enforced by natural rewards and punishments" (S. 122).

fordert oder verwirft (Gewissen). Bei den Hauptgesetzen der Moral haben wir es nur mit der letzten Art des moral sense zu thun. Führen wir Handlungen aus, die das Gewissen unbedingt fordert, so handeln wirden Grundgesetzen der Moral, d. h. den Anforderungen gemäss, die wir an jeden Menschen stellen. Es scheiden hier also alle diejenigen moralischen Vorschriften aus, die etwa verlangen, über das Durchschnittsmass der Alltagssittlichkeit hinauszugehen; denn diese gehören zwar zu den Gesetzen der Moral, nicht aber zu ihren Hauptgesetzen.

Als eine Lücke indessen muss es betrachtet werden, wenn Home die Pflichten gegen die eigene Person als nicht zu seiner Aufgabe gehörig betrachtet. Bekanntlich verwirft und verspottet Schopenhauer[1]) die Annahme von Pflichten gegen uns selbst; allein mit grossem Unrecht. Ist es wirklich nur erlaubt, seine Gesundheit zu erhalten, oder nicht vielmehr eine der wichtigsten Pflichten? Ist es nur gestattet, mich zu vervollkommen, oder nicht vielmehr eine vom Gewissen mit aller Macht erhobene Forderung? Herbert Spencer hat in unserer Zeit in seinen „Data of Ethics" über das Vorurteil gegen die Annahme der die eigene Person betreffenden Pflichten, dem man noch hie und da begegnet, scharfes Gericht gehalten. Home teilt dies Vorurteil offenbar. Sein jüngerer Zeitgenosse Adam Ferguson, der seine „institution of moral philosophy" 1769 herausgab, ergänzt ihn in diesem Punkte, indem er die drei Prinzipien der Selbstliebe, des Wohlwollens und der Vervollkommnung mit einander in Verbindung setzt und die Tugend definiert als „fortschreitende Entwicklung des menschlichen Wesens zu geistiger Vollkommenheit".

Nun aber zu unseren Gesetzen. Fünf soziale Affekte haben wir oben kennen gelernt, den Trieb zur Gerechtigkeit, den zur Wahrheit, den zur Treue, den zur Dankbarkeit und endlich den Trieb des Wohlwollens, welcher

---
1) a. a. O., S. 506 f.

wiederum entweder als Trieb, Leiden zu vermindern (Mitleid), oder als Trieb, Glück zu vermehren, sich kundgiebt. Wie stellt sich – das ist jetzt die Frage – das moralische Gefühl zu den verschiedenen geselligen Trieben? Was die vier ersten Triebe angeht, so ist es Home ein Leichtes, zu zeigen, dass hier das moralische Gefühl streng befehlend oder verbietend auftritt. Es untersagt mit aller Schärfe eine Verletzung des Eigentums, der Ehre, der Gesundheit und des Lebens eines Andern. (Zwangsgesetz). Freilich giebt es hier Ausnahmen, wie denn überhaupt die Forderung der Allgemeingültigkeit der Moralgesetze nur von denjenigen Moralisten erhoben wird, welche die Ethik als eine mathematisch-logische und nicht vielmehr als eine empirische Wissenschaft ansehen. Ein Mann von der Denkungsart eines Home muss notwendigerweise das „fiat iustitia, pereat mundus" in der Ethik verwerfen, in der Überzeugung, dass wir nicht leben, um Gesetze zu befolgen, sondern dass es Gesetze giebt, um das Leben würdig zu gestalten. Mit dem Augenblicke daher, wo die Gesetze aufhören, ihren Zweck zu erfüllen, sind sie auch hinfällig. Als Beispiele hierfür führt Home folgende zwei Fälle an: 1) Ein dem Hungertode Naher darf seine Nahrung nehmen, wo immer er sie findet, ohne vorher den Eigentümer zu fragen. 2) Wenn zwei Schiffbrüchige ein Brett ergreifen, das nur Einen zu tragen vermag, so handelt derjenige, welcher es an sich reisst, rechtmässig, wiewohl sein Leidensgenosse dadurch dem sicheren Tode entgegengeht: in diesem Falle haben Beide das gleiche Recht, dem Triebe der Selbsterhaltung zu folgen.

Wie die Gerechtigkeit, so wird auch die Wahrhaftigkeit von jedem normal entwickelten Menschen als eine strenge Pflicht empfunden; das Gesetz der Wahrhaftigkeit und der Vermeidung jedweden Betruges ist daher ein Hauptgesetz der Sittenlehre. „Dieses Gesetz schliesst aber weder die Fabel, noch einige Freiheit der Rede aus, die auf Vergnügen abzielt" (S. 95) Auch hier sehen wir, dass Home jeden unangebrachten Rigorismus vermeidet. Über die Notlüge hat er sich nicht ausgesprochen; dass er sie je nach den Umständen für erlaubt oder sogar für Pflicht halten wird, dürfte nach dem Obigen zweifellos erscheinen.

Treue in der Ausführung der gegebenen Versprechungen und Dankbarkeit gegen diejenigen, die uns Gutes erwiesen haben, sind gleichfalls Triebe, welche die mächtige Unterstützung des gebietenden Gewissens finden. Der Verräter, sowie der Undankbare können sich vor ihrem Gewissen nicht rechtfertigen. Mit Fug zählen wir daher das Gesetz der Treue und das der Dankbarkeit zu den Hauptgesetzen der Moral.

Etwas verwickelter gestaltet sich die Sache bei dem Triebe des Wohlwollens. Handlungen, die aus dem Triebe, Anderer Glück zu befördern, hervorgehen, haben in den Augen des Zuschauers, wie auch in unseren eigenen, einen höheren Wert, als Handlungen der Gerechtigkeit, der Treue etc., und zwar aus dem Grunde, weil hier das moralische Gefühl nicht gebieterisch auftritt, sondern nur empfiehlt und antreibt, und demgemäss ein höherer Grad von Sittlichkeit erforderlich ist, um jene leise Stimme des Innern nicht zu überhören. Nun giebt es aber „besondere Verbindungen", vermittelst welcher die Sorge für das Wohl Anderer zur unumgänglichen Pflicht wird. So fühlen Eltern die strenge Verpflichtung, für ihre Kinder, denen sie das Leben geschenkt, auch zu sorgen und sie zu tüchtigen Gliedern der Gesellschaft zu erziehen. Einer ähnlichen Verbindlichkeit, wenn auch schon in geringerem Grade, sind sich nach dem Tode der Eltern die erwachsenen Kinder gegen ihre minderjährigen Geschwister bewusst: „und so verringert sie (sc. die Verbindlichkeit) sich durch eine Reihe anderer Verbindungen stufenweise und unmerklich, bis zuletzt das Gefühl von Pflicht sich in ein blosses Wohlgefallen verliert, ohne dass man sich einer

Schuldigkeit bewusst ist" (S. 92). Eine scharfe Grenze zwischen dem, was Pflicht für Jedermann ist, und dem, was über die strenge Verbindlichkeit hinausgeht und verdienstlich genannt wird, zieht Home nicht: denn sie ist eben nicht vorhanden. Die Einteilungen trägt ja erst der Mensch in die Natur hinein, dem Drange des schematisierenden und kategorisierenden Verstandes folgend. In der Natur aber giebt es keine scharf gezogenen Grenzen; „ihre Übergänge sind sanft und gelinde. Sie nähert die Dinge einander mit einer so feinen Kunst, dass sie keine Lücke noch Leere übrig lässt" (ebend.). Nach dem Gesagten können wir also zwar kein Hauptgesetz der allgemeinen Nächstenliebe aufstellen, wohl aber ein Hauptgesetz des Wohlwollens gegen die Personen, welche besondere Ansprüche auf unser Wohlwollen haben, gegen „besondere Nächste", wie Paulsen[1]) sie nennt.

In der zweiten Form hingegen, in welcher der Trieb des Wohlwollens auftritt, nämlich als Trieb, das Leiden der Menschen zu mindern, ist er stets von der Stimme des Gewissens begleitet, das die dem Mitleid entströmenden Handlungen zu einer unumstösslichen Pflicht erhebt. „Versäumen wir diese Pflicht, so können wir dem Vorwurfe des Gewissens und unserem eigenen Tadel nicht entgehen (S. 93). Hier ist es von keiner Bedeutung, ob der Unglückliche unser Verwandter oder ein uns Fernstehender ist, unter allen Umständen gilt das Gesetz, das uns verbindet, nach besten Kräften dem Unglücklichen zu helfen und mit den uns zu Gebote stehenden Mitteln das Elend in der Welt zu mindern.

So hat nun Home auf induktivem Wege, indem er Umschau hielt nach dem, was die Menschen selbst als ihre Hauptpflichten betrachten, die sie gegen einander auszuüben haben, eine Reihe von Hauptgesetzen gefunden, von denen er mit Recht fordern darf, dass jeder Einzelne sich ihnen

1) a. a. O., II, 160.

widerspruchslos unterwirft. Der Kürze wegen kleiden wir sie in ein imperativisches Gewand, obschon Home selbst dies nicht gethan hat.

Die Grundgesetze der Sittlichkeit lauten:

1) Sei gerecht; schade Niemandem an seiner Person, seinen Gütern, oder was sonst ihm lieb ist.

2) Sei wahr; sprich die Wahrheit, wo man sie von dir erwartet.

3) Sei treu; erfülle die Verpflichtungen, die du gegen einen Anderen eingegangen bist.

4) Sei dankbar gegen die, welche dich fördern und für dein Wohl sorgen.

5) Sei hilfreich gegen alle Unglücklichen; suche ihr Leid zu verringern.

6) Sei wohlwollend gegen die, welche dir nahe stehen; befördere ihr Glück auf jede Weise.

Den Schluss des Kapitels über die Hauptgesetze der Moral bildet ein kurzer Überblick über den verschiedenen Umfang der Gebiete der Ethik und des Rechts. Die genaue Abgrenzung der Aufgaben jener beiden Gebiete wird uns bei einem gewiegten Rechtsgelehrten wie Home, der zu dem Amte eines Oberrichters von Schottland emporstieg und seiner Verdienste wegen geadelt wurde, nicht Wunder nehmen. Welches sind die Gründe, fragt Home, für den Umstand, dass das bürgerliche Gesetz (the municipal law) nur so wenige von den oben aufgezählten Sittengesetzen in seinen Bereich zieht? In den Staaten giebt es kein Gesetz, das den Undank bestraft, keins, das Mitleid für Unglückliche fordert, keins, das die Treue gegen Freunde gebietet. Die Gründe dafür, dass das Recht nur einen Teil der Moral in sich schliesst, sind folgende:

1. Das Sittengesetz will das Herz läutern, es erstreckt sich auf die verborgenen Absichten; das bürgerliche Gesetz hingegen, als von menschlicher Erfindung, regelt nur die äusserlichen Handlungen, muss also naturgemäss eine beschränktere Sphäre haben.

2. Das Sittengesetz betrachtet den Menschen als **Menschen** und dringt so in alle Lagen und Verhältnisse des Lebens ein: das bürgerliche Gesetz betrachtet den Menschen nur als Bürger, als Mitglied der Gesellschaft, es befasst sich nur mit der Regelung von Thaten, welche in Beziehung zu dem Bestande und der Wohlfahrt der Gesellschaft stehen. Daher schützen die Gesetze vor Ungerechtigkeit und Gewalt: denn bei ihnen könnte der Staat nicht bestehen. In so weit die Sicherheit des Gewerbes vom Halten der Verträge und der übernommenen Verpflichtungen abhängt, befasst sich das Gesetz auch mit diesem Zweig der Moral. Dagegen greift das Recht niemals in Privatverhältnisse ein, die mit der Gesellschaft in keiner Art zusammenhängen Untreue in der Liebe und in den Freundschaftsbündnissen, Undankbarkeit gegen Wohlthäter, Hartherzigkeit gegen Bedürftige, so unsittlich diese Handlungsweisen auch sind, unterliegen nicht der Gerichtsbarkeit des bürgerlichen Rechts, da sie an dem Bestande der Gesellschaft nicht rütteln.

3. Die bürgerlichen Gesetze müssen klar und deutlich gefasst sein, sonst würde der Willkür der Richter Thür und Thor geöffnet. Nun sind aber die Pflichten des Sittengesetzes in der Mehrzahl der Fälle dehnbar und von den jeweiligen Umständen abhängig. Für das, was man an Dankbarkeit gegen Wohlthäter, an Sorge für die Nachkommen, an Wohlthätigkeit von dem sittlichen Menschen verlangt, lässt sich schlechterdings kein genaues Mass festsetzen. Um nur ein Beispiel zu erwähnen: Wo fängt die Dankbarkeit an? Wo hört sie auf? Wann nenne ich Jemanden undankbar? Worin zeigt sich die Dankbarkeit? Dies alles ist doch offenbar in den verschiedenen Fällen verschieden. Unmöglich kann ein Gesetzeskodex derartige Begriffe definieren. In bestimmte Regeln können hingegen wohl die Enthaltung von gegenseitiger Gewalt und Beleidigung, wie auch die Erfüllung von Versprechungen gebracht werden: auf diese Dinge richtet daher das bürgerliche Gesetz sein Auge.

Zu dieser Formulierung des Unterschiedes zwischen Recht und Moral sei noch die Bemerkung gestattet, dass der erste Unterschied in ganz anderen Worten bei Schopenhauer[1]) sich wiederfindet. Nach ihm ist es die Aufgabe der Moral, dass Niemand Unrecht thue, die Aufgabe des positiven Rechts, dass Niemand Unrecht leide. Das Gesetz schreitet daher nur in den Fällen ein, wo eine ungehörige Handlung begangen wird; gewaltthätige Gesinnungen jedoch, durch welche Niemand zu Schaden kommt, werden wohl von der Moral, nicht aber vom positiven Recht beanstandet.

Viertes Kapitel.
Die Entwickelung der sittlichen Anschauungen.

Mangelhafte Entwickelung des moralischen Gefühls bei den unzivilisierten Völkern und ihre Gründe. Die Bedeutung der Vernunft und der Erziehung für die Sittlichkeit. Das Völkerrecht, seine Entstehung und Entwickelung.

„Die Betrachtung der moralischen Erscheinungen unter dem Gesichtspunkt des Werdens .... ist besonders Home und Hume eigentümlich[2])". Diesen beiden Denkern gebührt das Verdienst, den Gedanken der Entwickelung in die Geschichte des Menschengeschlechts eingeführt und gezeigt zu haben, dass nicht nur das einzelne Individuum allmählich aus dem Zustande geistiger Beschränktheit zu grösserer Vollkommenheit sich emporringt, sondern dass das Gleiche stattfindet in dem grossen Körper der Menschheit. Die deutschen Philosophen nahmen diesen fruchtbringenden Gedanken auf, ein Herder schrieb seine „Ideen zur Philosophie der Geschichte der Menschheit", ein Lessing „die Erziehung des Menschengeschlechts."

1) Grundlage der Moral, § 17. Die Welt als W. u. V. I, § 62.
2) Zart, a. a. O., S. 93.

Das die moralischen Gesetze keine starren, unwandelbaren Gebote sind, dass sie vielmehr heute einen anderen Inhalt haben als in der grauen Vorzeit, und dass sie in der Zukunft noch weiter ausgebildet werden können, dies will uns Home im letzten (neunten) Kapitel seines zweiten essay zeigen. Zwar hat er dem Abschnitt die Überschrift „Von dem Völkerrechte" (Of the Law of Nations) gegeben, aber diesen Gegenstand behandelt er erst am Schlusse, und zwar soll das Völkerrecht für die aufgestellte Lehre von der allmählichen Erweiterung des ethischen Gesichtskreises ein Beispiel abgeben. In gleichem Sinne, und zwar ausführlicher, bespricht Home diese Lehre in den bereits oben erwähnten „Skizzen der Menschheitsgeschichte". (Sketches of the History of Man); die zweite Skizze des dritten Buches handelt in ihrem zweiten Teile von dem „Fortschritt der Sittlichkeit" (Progress of Morality).

In den Tagen der Vorzeit, so beginnt Home seine Ausführungen, waren die Menschen roh und wild; ja sogar jetzt giebt es noch, fern von uns, barbarische Völker, denen Raub und Blutvergiessen nichts Ungewöhnliches ist. „Aus diesem Anblik des ursprünglichen menschlichen Zustandes sollte es fast scheinen, dass moralische Tugenden dem Menschen nicht sowohl natürlich, als vielmehr vermittelst der Erfahrung und des Exempels in einer wohleingerichteten Gesellschaft erworben sind, mit einem Worte, dass der ganze moralische Teil des menschlichen Systems künstlich ist" (S. 100). Sollte dies der Fall sein, so wäre dem ganzen Lehrgebäude Homes der Boden entzogen. Nicht die Natur wäre es alsdann, deren Stimme uns zur Sittlichkeit ruft, sondern die Kunst und die Erfindung nähmen das Verdienst für sich in Anspruch, die Natur verdrängt und erst so der Sittlichkeit den Pfad geebnet zu haben.

Allein dem ist nicht so. Der Einwand, den Home bereits gegen Humes Theorie von der bloss konventionellen Bedeutung der Gerechtigkeit und der Treue erhoben hat, trifft in erhöhtem Masse diejenigen, welche das gesammte

Sittengesetz für nichts anderes als eine Einrichtung der Gesellschaft erklären. Denn „in der That ist es augenscheinlich, dass Erziehung und Exempel, so stark auch ihr Einfluss sonst sein mag, nie eine Empfindung oder ein Gefühl erschaffen können. Sie können die Pflanzen, die die Natur gebildet hat, hervortreiben und verbessern, aber keine neue oder ursprüngliche Pflanze hervorbringen" (ebend.). Würde demnach gar keine Anlage zur sittlichen Lebensführung in der menschlichen Natur vorhanden sein, so wäre es einer noch so vortrefflich eingerichteten Gesellschaft nimmermehr gelungen, die Moral zu erzeugen.

Wenn nun aber der Wilde nicht weniger als der zivilisierte Mensch die Anlage zur Tugend besitzt, wie erklärt sich dann der weite Abstand, der sich betreffs der Sittlichkeitsgefühle zwischen ihnen befindet?

Die Antwort auf diese Frage wird unschwer gefunden, wenn wir den ursprünglichen Zustand des Menschen genauer betrachten. Das Leben ist für den Naturmenschen nichts weniger als bequem; die Erde ist unfruchtbar und unbebaut, die Mittel zur Fristung des Daseins sind nur mit Mühe zu erreichen. Kein Wunder, wenn unter den Einzelnen ein fortwährender Streit der Interessen herrscht. Der Trieb der Selbsterhaltung erhält so täglich und stündlich Nahrung auf Kosten der geselligen Neigungen. Er erstarkt durch die häufige Bethätigung, während die wohlwollenden Affekte, durch Mangel an Übung geschwächt, von ihm mit Leichtigkeit in den Hintergrund gedrängt werden. Diesem Missverhältnis der Stärke der verschiedenen Triebe gegenüber ist das moralische Gefühl nicht imstande, seiner gebietenden Stimme Achtung und Ansehen zu verschaffen. Es ist vorhanden, aber es erlangt nicht die Machtstellung eines Beherrschers der Affekte, sondern wird in den meisten Fällen von dem Selbsterhaltungstriebe überstimmt, der allgewaltig drängt und stürmt und den vom moralischen Gefühl begünstigten Trieben die Bethätigung versagt.

Die hauptsächliche Ursache jedoch des ungesitteten Verhaltens des unzivilisierten Menschen ist die noch ungenügende Ausbildung der Verstandeskräfte (Im Grunde genommen hängt ja damit auch die eben geschilderte Mangelhaftigkeit der Gewinnung der Nahrungsmittel zusammen). Und hier ist nun der Ort, wo Home die hohe Bedeutung der Vernunft für die Ethik in das rechte Licht setzt. Hat es doch bis jetzt den Anschein erweckt, als wisse er diese nicht zu schätzen, wenn er in tadelndem Tone von denen sprach, die „die kalte Vernunft" an die Stelle der Gefühle und Empfindungen setzen wollen Allein die folgenden Ausführungen werden deutlich zeigen, dass Home kein einseitiger Gefühlsethiker ist. Was er behauptet und mit Recht behauptet, ist: Die moralischen Unterscheidungen „gut und böse, recht und unrecht, lobenswert und tadelnswert", diese Unterscheidungen werden nicht von der logischen Vernunft getroffen, sondern von einem moralischen Gefühl; die Vernunft lehrt nur den Unterschied zwischen wahr und falsch, richtig und unrichtig, nützlich und schädlich.

Wie das Kind in der gebildeten Gesellschaft, lehrt Home, die ersten Eindrücke von äusseren Objekten erhält und erst später durch Übung und durch den Einfluss der Erziehung die Fertigkeit erlangt, „zusammengesetzte Ideen" (complex ideas) und „abstrakte Sätze" (abstract propositions) zu denken, so hat auch die gesammte Menschheit eine Periode der Kindheit. Die unzivilisierten Menschen gehörten und soweit sie noch existieren, gehören — dieser Kindheitsstufe an. Die Begriffe vom gemeinen Besten, von einem Staat, von einem Volk, von der Gesellschaft unter einer Regierung, sind zusammengesetzt, und werden selbst von dem denkenden Teil des menschlichen Geschlechtes nicht so bald erlangt. Der Rohe und Ungebildete kann sie kaum erlangen, und daher können sie auch kaum einigen Eindruck auf ihn machen" (S. 101 f.). Hier sehen wir die Aufgabe der Vernunft genau und präcise bezeichnet: Die Vernunft bildet Begriffe, zuerst einfache, dann allmählich

immer zusammengesetztere: das ist ihr mächtiges Amt.
Allein sie ist kein Motiv zum Handeln. Das sind vielmehr
die Gefühle, die sich der von der Vernunft neu erworbenen
Begriffe und Verhältnisse bemächtigen und mit ihnen
operieren. In diesem Punkte herrscht zwischen Home und
Hume gänzliche Übereinstimmung. Im ersten Anhang zu
seiner „Untersuchung über die Prinzipien der Moral" [1])
sucht Hume den Anteil festzustellen, „welcher der Vernunft
und welcher dem Gefühl an allen Entscheidungen des
Lobes oder Tadels zukommt", und gelangt zu dem Ergebnis, dass die Vernunft die Gegenstände darlegt, wie sie
sich in der Natur vorfinden, ohne etwas hinzuzufügen oder
wegzunehmen, dass das moralische Gefühl hingegen, nachdem alle Umstände und Verhältnisse ihm vorgelegt sind,
gleichsam eine neue Schöpfung hervorbringt, indem es die
Gegenstände „entweder vergoldet oder befleckt".

Wir haben nach dem Gesagten also keine Veranlassung, den wilden Völkern das moralische Gefühl abzusprechen. Sie besitzen es so gut wie wir. „Ihr Fehler
liegt vielmehr in der Schwäche der allgemeinen Triebfedern
der Handlungen, welche auf Gegenstände gehen, die zu
sehr zusammengesetzt sind, als dass Wilde sie leicht fassen
könnten" (S. 103)[2]). Sagen wir doch auch nicht von den
Mitgliedern der zivilisierten Welt, die ihren augenblicklichen Leidenschaften folgen und den Moralgesetzen zuwiderhandeln, sie seien des moralischen Gefühls gänzlich

---

1) a. a. O., S. 122 ff.
2) Nach Lessing („Die Erziehung des Menschengeschlechts") gehört
die Lehre von der Erbsünde zu jenen Wahrheiten, „die wir als Offenbarungen so lange anstaunen sollen, bis sie die Vernunft aus ihren andern
ausgemachten Wahrheiten herleiten und mit ihnen verbinden lernen" (§ 72).
In die philosophische Sprache übersetzt, ist ihm die Erbsünde nichts
anders als die von Home behauptete anfängliche Unfähigkeit des Menschen,
sittlich zu handeln. „Wie", ruft er aus, „wenn uns endlich alles überführte, dass der Mensch auf der ersten und niedrigsten Stufe seiner Menschheit schlechterdings so Herr seiner Handlungen nicht sei, dass er moralischen Gesetzen folgen könne"? (§ 74).

bar; dann wären sie ja unverbesserlich, dann gälte ja das entmutigende „velle non discitur" Schopenhauers, das Paulsen bezeichnend einen der „Aberglaubensartikel" jenes Philosophen nennt. Es ist vielmehr die wissenschaftliche Überzeugung Homes, dass vernünftige Überlegung und vernünftige Erziehung gewaltige Einfluss auf die sittliche Entwickelung ausüben. „Das moralische Gefühl, ob es gleich in der Natur des Menschen eingewurzelt ist, kann doch durch die Erziehung und Bildung sehr viel feiner werden. Es verbessert sich, so wie unsere andern Kräfte und Fähigkeiten, stufenweise". „Jeder muss die grossen Vorteile der Erziehung und Nachahmung einsehen" (S. 104). Theoretisches Erkennen, Sinn für Schönheit, praktische Sittlichkeit, sie alle sind zwar in der Natur jedes Menschen angelegt. Aber wie weit alle diese Anlagen zur Entfaltung kommen, das hängt in hohem Masse von den äusseren Umständen ab, in denen der Mensch aufwächst, von dem Bildungsgrad der Eltern, der Freunde, der Lehrer, des Volkes, des Zeitalters. „Deswegen können die Wirkungen des moralischen Gefühls bei einem Wilden überhaupt gar keine Gleichheit haben mit denen, die sich bei einer Person äussern, die alle Vorteile besitzt, deren die menschliche Natur durch eine feine Erziehung fähig ist" (S. 105 f).

Ein Beispiel für die fortwährende Verfeinerung der sittlichen Anschauungen sind die Gesetze, welche die einzelnen Völker im Verkehr mit einander beobachten, das Völkerrecht. Dasselbe ist nicht weniger natürlich als das Sittengesetz innerhalb der einzelnen Gesellschaft. Wohl behaupten Manche, es sei durch allgemeine Einwilligung unter den Völkern festgesetzt worden. Jedoch, fragt Home, wann geschah denn dies und von wem geschah es? Auf blosser Übereinkunft beruhen solche Gesetze nicht; sondern im Laufe der Zeiten läuterten sich die Anschauungen über Sittlichkeit, und so wurden sich die Völker immer grösserer Rücksichten bewusst, die sie gegen ihnen gleichgültige oder selbst feindselige Nachbarn auszuüben haben. Erst hinterher erlangen dann durch die allgemeine Einwilligung diese Gesetze eine neue Unterstützung; jedes Volk verlässt sich dann darauf, dass das Nachbarvolk sie beobachten werde. Mit vergifteten Waffen zu kämpfen, galt früher für weniger tückisch, als heute. Die Kriegsgefangenen, die einst getötet oder schmählich behandelt wurden, haben heute keine Grausamkeiten zu befürchten, da die gebildeten Nationen einsehen, dass der einzelne Gefangene eigentlich kein Feind ist, dass er, nur dem Rufe seines Herrschers folgend, in den Kampf gezogen ist. Ja, die Sitte verbreitet sich sogar, die Gefangenen auszuwechseln. Der Gesandte war schon in alter Zeit eine unverletzliche Person; in der neueren Zeit jedoch sind seine Rechte immer mehr erweitert worden.

So erkennen wir beim Völkerrecht im Besondern, was Home im Allgemeinen von dem gesamten Gebiete der Sittlichkeit behauptet hat, eine fortschreitende Entwickelung.

„Das Naturgesetz, welches das Gesetz unserer Natur ist, kann nicht allezeit einerlei Gestalt behalten. Es muss sich mit der menschlichen Natur verändern, und folglich, so wie diese feiner wird, von Stufe zu Stufe auch feiner werden". (S. 106)[1]).

Fünftes Kapitel.
Die Freiheit des Willens.

Homes Vorgänger in dieser Frage. Hume und Home. Die Veränderungen in der 2. und 3. Auflage. Die Gesetzmässigkeit in Innen- und Aussenwelt. Widerlegung der Einwände gegen den Determinismus. Home gegen Clarke. Die „physische" und die „moralische" Ursache. Die

---

[1] „The law of nature, which is the law of our nature, cannot be stationary. It must vary with the nature of man, and consequently refine gradually as human nature refines" (S. 147).

moralische Notwendigkeit und das liberum arbitrium. Die Ungereimtheiten der indeterministischen Anschauung. Determinismus und Verantwortlichkeit. Der Ursprung des falschen Freiheitsbegriffs. Die Kausalität und die ignava ratio. Die Theodicee. Home, Priestley und Schopenhauer. Home und die schottische Schule.

Im fünften Bande seiner „Geschichte der neueren Philosophie" handelt Buhle ausführlich über die „Geschichte des Streits über Materialismus und Determinismus in England" [1]). In der That war die Willensfreiheit eine Frage, die im vorigen Jahrhundert mehr denn je die Gemüter erregte. Besonders in England-Schottland und in Frankreich wurde das Problem eifrig diskutiert, und in Deutschland verfolgte man den Streit mit grossem Interesse. Wenn Buhle gerade an der Hand zweier englischer Philosophen (Priestley und Price) denselben erläutert, so begründet er sein Verfahren damit, dass in England die freie Forschung weder vom Hofe unterdrückt, noch von der Geistlichkeit verfolgt, der Kampf der Meinungen daher ohne Gehässigkeit geführt wurde; in Frankreich hingegen waren die Denker infolge der Unterdrückung der wissenschaftlichen Ansichten nicht unbefangen, sondern schrieben in gereiztem Tone. „Und so ward für Wahrheit und Wissenschaft durch die französischen Philosophen ungleich weniger gewonnen als durch die britischen"[2]).

Home nun gehört zu eben jenen britischen Denkern des 18. Jahrhunderts, welche die Willensfreiheit eingehend behandelt und das Problem nach allen Seiten hin ruhig und voraussetzungslos erwogen haben. Er schrieb nicht für die Kirche und nicht gegen sie, er schrieb für die Wahrheit; und wenn es richtig ist, was Schopenhauer in seiner Abhandlung über die Freiheit des Willens sagt, dass dieses Problem ein Probierstein sei, an welchem man

---

[1] Buhle, a. a. O., S. 369–481.
[2] Buhle, a. a. O., S. 374.

die tief denkenden Geister von den oberflächlichen unterscheiden könne, indem jene stets dem Determinismus, diese aber dem Indeterminismus huldigen, so würde unserem Home das Prädikat eines tiefen Denkers nicht versagt werden dürfen, denn er ist ausgesprochener Determinist. Schon im 17. Jahrhundert hatte Thomas Hobbes in seiner Schrift: „Quaestiones de libertate, necessitate et casu" und Spinoza in seiner „Ethik" die Determination des Willens gelehrt. Dann aber folgten Locke und Leibniz, die ihren Standpunkt in dieser Frage nicht deutlich und scharf kennzeichneten, sei es, dass sie selbst vor den Konsequenzen des Determinismus zurückschreckten, oder aber, dass sie es für angebracht hielten, dieselben ihren Lesern zu verhüllen[1]). So herrschte wieder Unklarheit über das Problem, bis es im 18. Jahrhundert von David Hume in seinem „Treatise on human nature" (1739—1740)[2]) und nochmals in seinem „Enquiry concerning human understanding" (1748)[3]) wieder aufgenommen und zugunsten des strengen Determinismus entschieden wurde. Ihm folgte hierin David Hartley in seinen „Observations on man, his frame, his duty and his expectations" (1749); zwei Jahre darauf erschienen Homes „Essays".

Merkwürdiger Weise beruft sich Home auf seine Zeitgenossen in dem ausführlichen essay nicht ein einziges Mal. Was freilich Hartley angeht, so dürfte Home bei der Abfassung des essay dessen Schrift noch nicht gekannt haben. Nicht dasselbe gilt jedoch von Hume, mit dessen „Treatise", wie wir zu wiederholten Malen sahen, Home innig vertraut ist, und dessen Urteil er so hoch schätzt, dass die Verschweigung der Übereinstimmung mit ihm in einer so bestrittenen Frage uns im ersten Augenblick Wunder nimmt. Allein bei näherer Betrachtung zeigt sich, dass der Deter-

---

1) Man vergleiche Locke: „Versuch über den menschlichen Verstand", II, Kap. 21; Leibniz: „Theodicee", II, § 45—53.
2) Book II, Part III, Sect. 1 und 2.
3) Part VIII, Sect. 1 und 2.

minismus, wie ihn Hume lehrt, kein Vorbild für Home abzugeben vermochte. Die Verbindung zwischen Motiv und Handlung entspricht der Verbindung zwischen Ursache und Wirkung in der Körperwelt. Nun besteht aber nach Hume die in der Körperwelt anzufindende Kausalität lediglich in der Gleichförmigkeit, mit welcher auf bestimmte Erscheinungen gewisse andere Erscheinungen folgen, was den Verstand veranlasst, durch Gewohnheit von der einen Erscheinung auf die andere zu schliessen. Eine Kraft dagegen in der Ursache anzunehmen, mit welcher sie die Wirkung hervorruft, soll uns nichts berechtigen. Was hier aber von der Aussenwelt gesagt ist, wird von Hume auch auf die Vorgänge in der Seele übertragen. Wir kennen nur eine beständige Verbindung zwischen gewissen Beweggründen und gewissen Handlungen, und der Verstand gewöhnt sich daran, von den Beweggründen auf die Handlungen einen Schluss zu ziehen. Wir haben aber kein Recht, einem Motiv die Kraft zuzuschreiben, eine bestimmte Handlung hervorzubringen. Nun genügt zwar Hume die beständige Verbindung von Motiv und Handlung und der Verstandesschluss von jenem auf diese, um die Determination des Willens anzunehmen; er kommt also zu demselben Resultat wie Home. Nichtsdestoweniger mochte es letzterem, da er die Gesetzmässigkeit der menschlichen Handlungen in dem engsten Zusammenhang mit der Kausalität in der Körperwelt behandelte, unangebracht scheinen, sich bei der Notwendigkeit der Handlungen auf denjenigen zu berufen, dessen Auffassung der Kausalität er auf das schärfste bekämpfte[1]).

Home hat den ziemlich umfangreichen Versuch über die Freiheit nicht in einzelne Kapitel eingeteilt. Es lassen sich indessen deutlich drei Teile unterscheiden, welche folgende Fragen behandeln:

---

[1]) Im zweiten Teile der „Essays" enthält der vierte Versuch „Von unserm Begriff von der Kraft" (Of our idea of power) eine eingehende Kritik des Hume'schen Skeptizismus.

1. Sind die menschlichen Handlungen gesetzmässig oder willkürlich?
2. Ist zur Erklärung der Verantwortlichkeit und der Reue die Annahme eines liberum arbitrium notwendig?
3. Ist zur Erklärung der Thätigkeit des Menschen die Annahme der Zufälligkeit in den Begebenheiten erforderlich?

Beachtenswert ist es nun, dass Home im Laufe der Jahre seine Anschauung geändert und sich erst allmählich zu einem konsequenten Determinismus hindurchgerungen hat. Es ist nicht ihm allein so ergangen; auch Spinoza, Hartley, Priestley und Voltaire konnten sich, wie Schopenhauer berichtet, nur mit Mühe von der vulgären Willensfreiheit losreissen. Wir können es Home daher wohl nachfühlen, wenn er in der Vorrede zur dritten Auflage seiner essays dem Leser zuruft: „And now, rejoice with me, my good reader, in being at last relieved from so many distressing errors".

In den drei Auflagen werden die obigen Fragen folgendermassen beantwortet:

1. Auflage (1751).
1. Die menschlichen Handlungen sind gesetzmässig und notwendig.
2. Wir fühlen uns nur bei Annahme der Willensfreiheit verantwortlich. Aus diesem Grunde ist uns ein natürliches, gleichwohl trügerisches Gefühl von Freiheit eingepflanzt.
3. Nur bei Annahme der Zufälligkeit in den Begebenheiten bleiben wir vor der ignava ratio der Stoiker bewahrt. Uns ist daher ein natürliches, gleichwohl trügerisches Gefühl von Zufälligkeit eingepflanzt.

2. Auflage (1758).
1. Die menschlichen Handlungen sind gesetzmässig und notwendig (Also wie 1. Auflage).

---
1) Schopenhauer, a. a. O. Freiheit des Willens, S. 456 ff.

2. Eine Freiheit, gegen Motive zu handeln, wird von dem Bewusstsein der Verantwortlichkeit nicht vorausgesetzt, sondern nur die Freiheit, nach eigenem Ermessen ohne äussern Zwang zu handeln. Wir haben auch kein natürliches Gefühl von der Freiheit der Willkür (Veränderte Auffassung).
3. Dagegen entgehen wir der ignava ratio nur durch Annahme der Zufälligkeit. Ein natürliches, freilich trügerisches Gefühl von Zufälligkeit spornt uns zur Thätigkeit an (Also wie 1. Auflage).

3. Auflage (1779).

1. Die menschlichen Handlungen sind gesetzmässig und notwendig (Wie schon 1. und 2. Auflage).
2. Die Verantwortlichkeit setzt nur Freiheit von äusserem Zwang voraus (Wie 2. Auflage).
3. Unser Wirken und Schaffen setzt durchaus keine Zufälligkeit in den Begebenheiten, es setzt im Gegenteil Gesetzmässigkeit voraus. Wir haben auch kein natürliches Gefühl von Zufälligkeit (Veränderte Auffassung).

Aus dieser Übersicht ersehen wir, dass die Gesetzmässigkeit der Handlungen bei Home von vorn herein fest stand. Das liberum arbitrium indifferentiae glaubt er in der 1. Auflage zur Erklärung der Verantwortlichkeit nicht entbehren zu können; in der 2. Auflage lässt er es fallen. Dagegen hält er in dieser Auflage die Empfindung vom Zufall noch fest, jene „falsche" und „betrügliche" Empfindung, wie er sie „in Ermangelung eines geschickten Ausdrucks" nennt, durch die allein wir zur Thätigkeit angespornt werden. Endlich in der dritten Auflage sagt er sich auch von dieser letzten Konzession an indeterministische Anschauungen los. Unsere Darstellung folgt demgemäss der Schlussansicht unseres Philosophen [1]).

1) Es ist mir nicht gelungen, in den Besitz der dritten Auflage zu gelangen. Ich hätte also die „Zufälligkeit" entweder überhaupt nicht, oder nach der zweiten Auflage darstellen müssen, wenn nicht Homes „Sketches" und Tytler, sein Biograph, das Fehlende ergänzt hätten.

„Dass sich nichts ohne Ursache zutragen kann, ist ein Grundsatz, der von allen Menschen angenommen wird, von den ungelehrten und unwissenden sowohl, als von den gelehrten. (S. 111). Die Ursache einer Begebenheit mag uns noch so unbekannt sein, eins steht uns ausser Zweifel, nämlich, dass eine solche vorhanden ist. Schon die Kinder sind danach bestrebt, die Ursachen der Dinge zu erfahren, welche sie um sich herum wahrnehmen. Der Mann aus dem Volke nimmt, wenn er sich eine Erscheinung nicht zu erklären vermag, lieber zu unsichtbaren Mächten seine Zuflucht, als dass er eine ursachlose Begebenheit annähme.

Gleichwohl haben wir neben diesem ausgeprägten Bewusstsein von der Gesetzmässigkeit der Begebenheiten in gewissen Fällen eine Empfindung von Zufälligkeit. Von

---

Dass die oben geschilderte Änderung sich in der 3. Auflage findet, entnahm ich aus der Vorrede zu ihr, welche Tytler (a. a. O., S. 164 f. Fussnote) mitteilt. Home sagt daselbst u. a.: „In the Essay of Liberty and Necessity, our notions of chance and contingency are held to be delusive and consequently that so far we are led by our nature to deviate from truth. It is a harsh doctrine, that we should be so led astray in any instance. As that doctrine never sat easy upon me, I discovered it also to be erroneous; and the error is corrected in the present edition, where I hope it is made clearly out, that the notion we have of chance and contingency is entirely conformable the necessary chain of causes and effects". — Wie aber Home die „Möglichkeit" und „Zufälligkeit" mit der „notwendigen Kette von Ursachen und Wirkungen" in Einklang brachte, habe ich den „Sketches" entnommen. Im Jahre 1789 — 9 Jahre nach Homes Tode — erschienen sie zu Edinburgh in zweiter Auflage, „considerably enlarged by the last additions and corrections of the author." Wie schon erwähnt, behandelt die zweite Skizze des dritten Buches die Prinzipien und den Fortschritt der Sittlichkeit. Der erste Teil zerfällt wiederum in acht „Sektionen", deren letzte den Titel führt: „Liberty and Necessity with respect to Morality". Dieser Sektion ist ein Anhang beigegeben, betitelt „Upon chance and contingency" (Vol. IV, 120—127). Es unterliegt wohl keinem Zweifel, dass der Inhalt jenes Anhangs sieh mit der Darstellung der „Zufälligkeit" in der (drei Jahre vor Homes Tod erschienen) dritten Auflage der essays deckt, da dort in der That der Zufall mit der Notwendigkeit in Einklang gebracht ist.

manchen künftigen Ereignissen glauben wir wahrzunehmen, dass sie in den vorhergenden Ursachen nicht fest genug gegründet sind, um sich notwendiger Weise zutragen zu müssen. Während z. B. der Tod eine Thatsache ist, deren schliessliches Eintreffen wir nach den Gesetzen der Natur als gewiss und notwendig betrachten, scheint uns doch die besondere Stunde unseres Todes etwas Zufälliges zu sein.

Richten wir unser Augenmerk auf die Handlungen der Menschen, so begegnen wir einem ähnlichen scheinbaren Widerspruch. Allgemein wird zugestanden, dass wir nach Motiven handeln. „Dass ein Geiziger jede bequeme Gelegenheit ergreifen werde, sich zu bereichern, daran wird ebenso wenig gezweifelt, als dass nach Regen und Sonnenschein die Pflanzen wachsen werden" (S. 113). Der Beweggrund des Gewinns wirkt auf seinen Willen genau so sicher, als die Wärme und die Nässe auf den Erdboden. Wir können mit den Beweggründen eines Menschen unbekannt und so ausser Stande sein, seine Handlungsweise vorauszubestimmen: dass aber irgend welche Motive auf ihn einwirken, ziehen wir keinen Augenblick in Zweifel.

Nichtsdestoweniger glauben wir zuweilen, die Handlungen in anderem Lichte zu sehen. Hat Jemand ein Unrecht begangen, sofort tadeln wir ihn und fordern, dass er anders hätte handeln sollen, gleich als ob jene That frei gewesen wäre von allen äusseren Beweggründen, die sie doch mit Notwendigkeit hervorbrachten.

Wie sind diese Widersprüche — denn solche scheinen es zu sein — zu erklären und zu lösen? Hierzu bedarf es zweifelsohne einer gründlichen und unparteiischen Untersuchung darüber, „was wir von der Zufälligkeit in den Begebenheiten und von der Freiheit oder Notwendigkeit in den menschlichen Handlungen zu halten haben" (S. 115).

1. Die Notwendigkeit der menschlichen Handlungen.

In der Körperwelt schreiten alle Dinge in einer festgesetzten und bestimmten Folge von Ursachen und Wirkungen fort. Die kleinsten Bewegungen, die geringsten Veränderungen sind das Resultat feststehender Gesetze. Jeder Zufall, jede Freiheit ist hier ausgeschlossen.

In der „moralischen Welt" scheint beim ersten Anblick nicht die gleiche Gesetzmässigkeit stattzufinden. Der Mensch handelt nicht nach mechanischen Gesetzen, er fängt selbständig die Bewegungen an und handelt nach freier Wahl. Seinen Leidenschaften braucht er nicht blindlings zu folgen, sondern kann Motive der vernünftigen Überlegung auf sein Gemüt einwirken lassen. In so fern ist der Mensch frei: er erleidet keinen äusseren Zwang, er steht nicht unter einer physischen Notwendigkeit. Aber Freiheit von Zwang ist nicht Ursachlosigkeit. Innere Notwendigkeit — moralische Notwendigkeit, wie Home sie nennt — kommt einer jeden Handlung zu; Beweggründe, sie seien nun schwach oder stark, wirken allemal auf den Willen ein und bestimmen ihn zu Thaten. Je stärker der Beweggrund, um so sicherer der Eintritt der Handlung. „Wir erwarten solche Handlung, einem solchen Bewegungsgrunde zur Folge, ebenso zuverlässig, als wir erwarten, dass ein Stein zur Erde sinken wird, wenn man ihn aus der Hand fallen lässt" (S. 117 f.). Sind in der Seele mehrere Beweggründe, die nach verschiedenen Seiten hin wirken, so mag sie kurze oder auch längere Zeit hin und her schwanken, endlich aber wird sie demjenigen folgen, welcher der stärkste ist. „Hieran kann man ebensowenig zweifeln, als daran, dass in einer Wage das grösste Gewicht die Schale niederziehen muss" (S. 118).

Der Einwand jedoch, dass die Menschen oft sehr unvernünftig handeln und sich von augenblicklichen Einfällen und Launen bestimmen lassen, ist ganz hinfällig. Das den Willen bestimmende Motiv mag vernünftig oder wunderlich sein, unter allen Umständen ist sein Einfluss gesetzmässig und notwendig. Wenn beispielsweise ein träger Mensch allen Motiven der Tugend und der Vernunft widersteht und die Hände in den Schoss legt, so ist die Ursache seines Entschlusses eben ein solches Motiv, das jene anderen an Stärke übertrifft, nämlich die Liebe zur Unthätigkeit und zum Müssiggang. Dieses Motiv ist ebenso wirksam, ihn an einen Stuhl zu fesseln, wie es die Liebe zur Ehre und zum Erwerb bei dem Strebsamen ist, ihn zur Thätigkeit zu reizen.

Aber, wendet der Verfechter der indeterministischen Lehre nun ein, ich kann doch, wenn ich will, ein geringeres Gut dem grösseren vorziehen! Hier liegt eine Anzahl Äpfel vor mir, das Motiv des Genusses drängt mich dahin, einen möglichst guten zu wählen, ich nehme aber gleichwohl den schlechtesten, und zwar ohne Ursache, bloss weil ich es so will. Allein, entgegnet Home, wer sieht hier nicht, „dass das Verlangen, zu zeigen, dass er gegen Bewegungsgründe handeln kann, in diesem Fall selbst der Bewegungsgrund zu dem wunderlichen Vorzuge ist?" (S. 120)[1]).

[1]) Diese Bemerkung scheint von Home zum ersten Male gemacht worden zu sein. Bei Hume findet sie sich in einer der Anmerkungen zum „Enquiry;" die Anmerkungen aber stammen erst aus dem Jahre 1770, wo Home mehrere seiner einzelnen edierten Werke zusammendrucken liess. „Man bedenkt nicht," so heisst es in jener Note, „dass hier (sc. bei einer scheinbar den Motiven zum Trotz ausgeführten That) der phantastische Wunsch, die Freiheit darzulegen, der Beweggrund des Handelns ist" (Hume, Untersuchung über d. menschl. Verstand, ed. Kirchmann, S. 93. Fussnote). Sodann finden wir die gleiche Bemerkung wieder in Priestleys Schrift über den Determinismus: „The doctrine of philosophical necessity illustrated" (1777). Endlich sei an Schopenhauers Beispiel von dem Ehegatten erinnert, der n ch gethaner Arbeit, a len Lockungen zum Vergnügen widerstehend, zu seiner Gattin heimkehrt, und zwar, wie er meint, lediglich, weil er es nun einmal will. Wenn ich ihm nun beweisen will, fährt Schopenhauer fort, dass er infolge eines zwingenden Motivs nicht anders handeln konute, kann es zwar leicht geschehen, dass er, um mich zu widerlegen, das Haus verlässt. „Dann wäre aber gerade mein Leugnen und dessen Wirkung auf seinen Widerspruchsgeist das ihn dazu nötigende Motiv gewesen" (Schopenhauer, a. a. O., S. 422).

Nach diesen Ausführungen wendet sich Home gegen Clarke, welcher den notwendigen Einfluss der Motive auf den Willen zugiebt, dennoch aber die Willensfreiheit aufrecht erhalten zu können glaubt mit der Begründung, dass doch nicht die Motive direkt die Bewegungen des Menschen verursachen, sondern der Mensch selbst. Nun, erwidert Home, das behauptet ja Niemand, dass etwa das Vergnügen eines Spaziergangs die Bewegungen eines Menschen hervorruft. Das Vergnügen verursacht zunächst nur den Entschluss, ins Freie zu gehen. Der Entschluss aber ist wiederum eine Ursache, die mit Notwendigkeit die Handlung des Spaziergangs bewirkt, und so hat Clarke mit seinem Argument nichts gewonnen; Motiv, Wille und Handlung stehen in einer unzertrennlichen Verbindung. Wenn Clarke aber weiter behauptet: „Eine moralische Notwendigkeit ist überall gar keine Notwendigkeit, da sie mit der höchsten Freiheit bestehen kann", so muss er, wenn das Argument überhaupt einen Sinn haben soll, das zweite Mal das Wort „Notwendigkeit" im Sinne „Zwang" gebraucht haben, und dann würde er etwas Selbstverständliches und Unbestrittenes aussagen; hingegen hätte er so für die Ursachlosigkeit des Willens nichts bewiesen. Ist die Stelle aber wörtlich zu nehmen, dann hat sie nicht mehr Sinn als die Behauptung, die physische Notwendigkeit sei gar keine Notwendigkeit, weil sie keine moralische ist.

„Eine grosse Quelle der Verwirrung bei dieser Untersuchung scheint die zu sein, dass man Notwendigkeit und Zwang nicht unterscheidet" (S. 122). Diese beiden Begriffe müssen streng von einander gesondert werden. Ein Gefangener, der zu entkommen wünscht, bleibt in seinem Kerker aus Zwang, weil die Thüren bewacht werden. Sind die Aufseher unachtsam, so entflieht er. Diese Flucht ist freilich kein Zwang, aber sie ist darum nicht minder notwendig, d. h. sie ist eine ebenso gewisse und unfehlbare Folge der Umstände, in denen der Gefangene sich befindet, als sein früheres Verbleiben im Kerker. In diesem Sinne sind sämtliche Handlungen notwendig, gewiss und unvermeidlich; mit vollkommener Gesetzmässigkeit erfolgen sie aus dem überwiegenden Beweggrunde.

Die Notwendigkeit der Handlungen wird uns einleuchtend, sobald wir über die Umstände nachdenken, unter welchen Handlungen überhaupt eintreten. Wann wird denn eine That unternommen? Doch nur, wenn ich einen Erfolg, einen Endzweck im Auge habe. Den Endzweck strebe ich an, er ist Gegenstand meiner Begierde, und die Handlung ist das Mittel, ihn zu erreichen. So innig hängen Motiv und Handlung zusammen. Dem Menschen eine der moralischen Notwendigkeit entgegengesetzte Freiheit zusprechen, würde also dasselbe sein, wie ihm ein Vermögen zusprechen, seiner Begierde zuwider, oder mit anderen Worten: jedem Endzweck, jeder Absicht zuwider zu handeln. Ein solches Vermögen aber verträgt sich nicht mit einer vernünftigen Natur.

Selbst bei scheinbar gleichgültigen Entscheidungen liegt keine Willkür vor. Die Gegenstände, unter denen ich eine Wahl zu treffen habe, mögen einander so gleichen, dass ich den Grund für meine schliessliche Entscheidung nicht anzugeben vermag. Daraus folgt aber noch nicht, dass ein Grund nicht vorhanden ist. In solchen Fällen können „mancherlei Umstände, die aus kleinen unbemerkten Besonderheiten der Phantasie, der Gewohnheit, der nähern Stelle u. s. w. entspringen", die Entscheidung beeinflussen. Und sehr treffend fügt Home hinzu: Hier „ist selbst die unangenehme Verlegenheit, die man empfindet, und die Mühe, die man sich giebt, einen Grund der Wahl aufzusuchen, ein Beweis, dass es unnatürlich ist, ganz willkürlich zu handeln, und dass unsere Einrichtung es mit sich bringt, durch Bewegungsgründe bestimmt zu werden" (S. 125)[1].

---

[1] Das ist ja auch der Sinn unseres Sprüchworts: „Wer die Wahl hat, hat die Qual". - Merkwürdig ist es übrigens, dass Home das typische Beispiel von Buridans Esel nicht zur Erläuterung herbeizieht.

Da nun aber einmal die Lehre von der Gesetzmässigkeit der Handlungen „in einigen besonderen Stücken den gewöhnlichen Begriffen des menschlichen Verstandes widerspricht" und der Mann aus dem Volke sie gemeiniglich so versteht, als werde ihm hiermit das Privilegium der Selbstbestimmung entrissen, so hält Home es für angebracht, in kurzen Worten den Unterschied zwischen einer „physischen" und einer „moralischen" Ursache auszuführen. Er besteht in folgenden Punkten:

1) Bei der physischen Ursache verhält sich der Mensch ganz passiv: es wird auf ihn gewirkt, er selbst wirkt nicht. Die moralische Ursache treibt den Menschen an, selbst zu wirken.

2) Die physische Ursache wirkt fast stets gegen die Neigung des Menschen. (Ausnahme z. B.: Ein heftiger Sturm treibt das Schiff, das durch ihn seine Segel eingebüsst hat, in den Hafen hinein). Die moralische Ursache ist allemal dem Willen gemäss; denn sie wirkt nie durch Zwang und Gewalt, sondern durch Begierde und Überredung.

3) Die physische Ursache ist uns unangenehm[1]); denn wir leiden ungern Zwang. Die moralische Ursache ist angenehm, weil wir nach eigenem Willen handeln.

4) Die physische Ursache, als gleichbedeutend mit Zwang, wird als Notwendigkeit empfunden. Von der Notwendigkeit der moralischen Ursache, welcher das Moment des Zwanges abgeht, haben wir nicht das Gleiche unmittelbare Bewusstsein; sie wird nur durch Nachdenken erkannt.

Die Thatsache nun, dass der Mensch von der moralischen Notwendigkeit kein unmittelbares Bewusstsein hat, ist der Grund jener Vorurteile, mit denen die Verteidiger der Freiheit den Deterministen begegnen. Für die allen Menschen bekannte physische Notwendigkeit hat die

---
1) Eine Wiederholung des vorhergehenden Unterschiedes, nur subektiv betrachtet.

Sprache das Wort „Zwang" gebildet; eine Bezeichnung für die moralische Notwendigkeit giebt es dagegen nicht. „Daher kommt es, dass der grösste Teil der Menschen sogleich unruhig wird, wenn sie von Notwendigkeit reden hören, weil sie sich keine Begriffe von einer Notwendigkeit machen können, die von der Art des Zwanges verschieden ist, bei welchem die Notwendigkeit mit dem Willen streitet" (S. 127). Home hofft nun, durch eine Gegenüberstellung der moralischen Notwendigkeit und des liberum arbitrium indifferentiae die Gegner der ersteren zu beruhigen und auf seine Seite zu ziehen.

Dass die moralische Notwendigkeit, als dem Willen gemäss, frei von Zwang ist und vielmehr angenehme Wirkung auf uns ausübt, hat Home bereits bemerkt. Jetzt geht er noch einen Schritt weiter und behauptet, dass Notwendigkeit und Annehmlichkeit unzertrennlich sind. „Eine Handlung", so schliesst er, „ist notwendig, weil sie durch die Begierde hervorbracht wird; sie ist zu gleicher Zeit angenehm, weil sie auf die Erfüllung der Begierde abzielt. Und daraus folgt deutlich, dass das Vergnügen auch so viel grösser sein muss, je grösser die Notwendigkeit ist" (S. 128). Wie sieht es dagegen mit dem liberum arbitrium aus? Fassen wir es als ein Vermögen, frei von Motiven zu handeln, so ist es jedenfalls leer von aller Lust und Neigung. Verstehen wir darunter aber gar ein Vermögen, gegen alle Motive zu handeln, dann muss dasselbe eine höchst unangenehme Wirkung ausüben, es würde einen Widerspruch in unserer Natur begründen und uns unglücklich machen.

Und doch, wenden die Indeterministen ein, ziehen wir das liberum arbitrium der Notwendigkeit vor; denn wenn es uns auch keine Lust gewährt, jedenfalls sind wir dann doch nicht willenlos der Gewalt des Bösen anheimgegeben. Die Freiheit der Willkür setzt uns in den Stand, allen Motiven des Lasters zu trotzen und ungestört auf der Bahn der Tugend zu wandeln. Die Einseitigkeit dieser

Betrachtungsweise aufzeigend, erwidert Home: Vorausgesetzt, wir besässen jene Freiheit der Willkür, kann sie nicht ebenso wohl den Motiven der Moral Trotz bieten? Es wäre also reiner Zufall, ob wir tugendhaft oder lasterhaft handeln Überhaupt wären wir mit jenem Vermögen gänzlich dem Zufall unterworfen: Wir könnten uns auf Niemanden verlassen. Versprechungen, Schwüre, Gelübde wären sinnlos, denn sie vermögen nur den zu binden, der durch Beweggründe geleitet wird. Der Unterschied der Charaktere würde verschwinden; denn einen Charakter besitzt nur derjenige, der feste und bestimmte Gründe für seine Handlungen hat. Die Gesetze, Ermahnungen, Belohnungen, Drohungen wären alle vergeblich; denn wer von Motiven unabhängig ist, kann nicht Gegenstand einer vernünftigen Regierung sein. Die Freiheit der Willkür würde den Menschen nicht erheben, sondern erniedrigen. „So lange wir nicht aus dem Menschen lieber ein wunderliches und lächerliches, als ein vernünftiges und moralisches Wesen machen wollen, so lange haben wir auch keine Ursache zu bedauern, dass wir den Willen den Bewegungsgründen notwendig unterworfen finden" (S. 130).

Das Ergebnis seiner Untersuchung fasst Home in die folgenden Worte zusammen: „Wenn wir die moralische und materialische Welt mit einander vergleichen, so ist in der einen sowohl als in der andern alles, was geschieht, das Resultat von feststehenden Gesetzen. Nichts ist in der ganzen Welt, das eigentlich zufällig kann genannt werden, nichts, das sein kann oder nicht sein kann, nichts in der ganzen Natur, das ungebunden und ungewiss wankt, sondern jede Bewegung in der materialischen Welt und jede Entschliessung und Handlung in der moralischen Welt werden von unveränderlichen Gesetzen regiert. So lange diese Gesetze in ihrer Kraft bleiben, kann nicht das kleinste Glied von der allgemeinen Kette der Ursachen und Wirkungen zerbrochen werden, noch irgend etwas anders sein, als es ist" (S. 131 f.).

2. Der Determinismus und die Verantwortlichkeit.

Ein Argument jedoch wird stets gegen den Determinismus geltend gemacht, welches so gewichtig ist, dass es die oben aufgestellte Lehre von Grund aus zu erschüttern droht, und welches daher eine besondere Beachtung von seiten des Denkers erheischt. Wenn nämlich — so werfen die Verteidiger der Willkür ein — die Handlungen notwendig erfolgen, mit welchem Rechte machen wir dann die Menschen für ihre Thaten verantwortlich, mit welchem Rechte spenden wir ihnen Lob oder geben ihnen unsere Missbilligung zu erkennen, mit welchem Recht sprechen wir von Verdienst und Schuld, aus welchem Grunde endlich peinigen wir uns selbst mit Qualen des Gewissens, da ja alles kommen musste, wie es kam, und wir nicht die geringste Freiheit hatten, anders zu handeln? Das System der Notwendigkeit verträgt sich nicht mit den Gefühlen der Verantwortlichkeit und der Reue: und da diese Gefühle nicht weggeleugnet werden können, so ist eine Lehre, die sie aufhebt, ein blosses Hirngespinnst.

Um diesem starken Einwurf zu begegnen, ist es erforderlich, die Gefühle der Billigung und Missbilligung und das Gefühl der Reue einer sorgfältigen Untersuchung zu unterziehen. Zunächst bemerkt Home, dass eine Handlung jeder Zeit gebilligt wird, wenn sie aus einem tugendhaften Motiv entspringt und somit von der guten Absicht des Handelnden Zeugnis ablegt. Aber noch mehr: Gerade die Verbindung zwischen Motiv und tugendhafter Handlung ist es, welche die Billigung hervorruft, und je grösser der Einfluss des Motivs, um so höher schätzen wir den Handelnden. Wenn wir Gott wegen seiner Güte preisen, so verringert die Erwägung, dass er notwendig gütig ist, so wenig unsere Anerkennung, dass sie dieselbe vielmehr noch verstärkt. Dasselbe gilt von der Missbilligung: Je grösseren Einfluss das lasterhafte Motiv auf einen Menschen hat, um so verächtlicher erscheint er uns. Wohl ist eine Freiheit notwendig, um einen Menschen zum Gegenstand der Verantwortung zu machen; allein die genaue Untersuchung ergiebt, dass es die Freiheit vom äusseren Zwang ist, nicht aber die Freiheit von inneren Beweggründen. „Wenn wir nur das Einzige wissen, dass ein Mensch die Freiheit hat, zu handeln, wie es ihm gefällt, so loben oder tadeln wir ihn sogleich wegen seines Verhaltens, ohne noch eine andere Bedingung zu fordern. Wir verlangen nicht, dass er auch das Vermögen haben soll, seiner eigenen Begierde, der Wahl zuwider zu handeln. Der Begriff von einem solchen Vermögen ist in keiner von unsern Empfindungen eingeschlossen." (S. 135 f.).

Habe ich selbst eine unsittliche Handlung begangen, so stellt sich hinterher die Reue ein. Das Gewissen ruft: Du hättest anders handeln sollen, es war deine Pflicht, anders zu handeln. Was ist der Sinn jener inneren Stimme? Durch die Gewissensbisse tadele ich mein Naturell, mache ich mir Vorwürfe, das ich das Motiv der Pflicht von einem lasterhaften Motiv habe verdrängen lassen. Gewiss, ich hätte anders handeln können, Niemand zwang mich, Schlechtes zu thun, wenn ich nur vor der That die Neigung zum Andershandeln gehabt hätte, wie ich sie jetzt habe. Der Mangel der Neigung zur Pflicht ist es, den ich tadle.

Nunmehr giebt Home den gegen seine Lehre gerichteten Einwurf den Gegnern zurück. Wenn der Mensch das liberum arbitrium besässe, wenn er allen guten Motiven zum Trotz boshaft und allen schlechten zum Trotz tugendhaft sein könnte, dann gerade wäre er kein Gegenstand des Lobes oder des Tadels. Waren es nicht die Motive der Pflicht, die mich antrieben, dieselbe zu erfüllen, so ist kein Schluss auf meinen Charakter berechtigt; und auch der Böse kann jeden Tadel von sich abwenden, indem eine schlechte Handlung keinen Rückschluss auf einen verderbten Willen gestattet. Ein mit dem liberum arbitrium ausgestatteter Mensch gleicht einem solchen, der zwischen tugendhaften und lasterhaften Motiven unentschlossen wankt, und es wäre doch sehr ungereimt zu behaupten, „dass eine Neigung zum Guten oder zum Bösen, die so schwach wäre, dass sie dem Gemüt die Freiheit liesse, ihr zu widerstehen, eines grösseren Lobes oder Tadels würdig wäre, als eben diese Neigung, die so stark wäre, dass sie kein Vermögen zu widerstehen übrig liesse" (S. 138).

So weit ist der Determinismus also davon entfernt, die Grundlagen der Sittlichkeit zu erschüttern, dass er umgekehrt eine Stütze derselben ausmacht. Verantwortlichkeit und Reue lassen sich nur durch ihn erklären. Durch den Determinismus sind wir in den Stand gesetzt, von der Handlung einen Rückschluss auf den Charakter des Handelnden zu machen. Der Determinismus ist es, der zu der Behauptung berechtigt: operari sequitur esse, wie Schopenhauer sagt.

Zum Schlusse wirft Home noch die Frage auf, wie denn der falsche Begriff des liberum arbitrium so tief habe Wurzel schlagen können, dass er aus dem Bewusstsein der Menschen so schwer sich entfernen lasse. Zu dem schon erörterten Vorurteil, als sei jener Begriff eine Stütze der Sittlichkeit, kommen, wie Home richtig bemerkt, besonders noch zwei Umstände hinzu. Zunächst ist Macht und Vermögen „eine Lieblingsidee des Menschen", er nimmt daher mit Freuden ein System an, das dieser Idee schmeichelt [1]. Ein fernerer Grund aber ist der, dass der nicht tief in das Problem eindringende Mensch das Vermögen, der Wahl gemäss zu handeln, mit dem Vermögen, zu wählen, verwechselt. Er kann thun, was er will, und glaubt nun, auch wollen zu können, was er will [2].

---

[1] Vgl E. von Hartmann, a. a. O. S. 448—469, über das liberum arbitrium indifferentiae. Auch er führt als einen der Gründe der Illusion den „Dünkel der Menschenwürde" an.

[2] Vgl. Schopenhauer. a. a. O S. 393 fl. „Der Wille vor dem Selbstbewusstsein".

3. Die Kausalität und die ignava ratio.

Jetzt gilt es für Horne noch den letzten Einwand zu beseitigen, der gegen die Lehre von der allgemeinen Gesetzmässigkeit erhoben wird, den Einwand, welchen man schon im Altertum den Stoikern entgegenhielt. Wenn nämlich, so wird behauptet, alles in der Natur nach unveränderlichen Gesetzen geregelt ist, so hat unsere Thätigkeit keinen Sinn und Zweck, denn wir können ja zu unserem Wohl nichts hinzuthun und von unserem Leid nichts verringern; dann können wir nur ruhig die Hände in den Schoss legen und der Dinge warten, die da kommen. Dass wir arbeiten und uns regen, ist ein Beweis gegen die allgemeine Gültigkeit der Kausalität. Allein dieser ganze Einwand beruht, wie Horne richtig zeigt, auf einer falschen Auffassung des Begriffs „Notwendigkeit". Wie wir oben eine Verwechselung der inneren Gesetzmässigkeit mit dem Zwang aufgefunden haben, so entdecken wir hier eine Verwirrung der Begriffe „Gesetzmässigkeit" und „Unabänderlichkeit". Die grosse Menge indentifiziert beide Begriffe und nennt daher alles, was nicht unabänderlich ist, zufällig. Jedoch bei genauer Analyse dessen, was wir unter Zufall verstehen, zeigt sich, dass derselbe in keiner Weise der Gesetzmässigkeit widerspricht. Wenn wir sagen: Dieses Ereignis geschah durch Zufall (by chance), so heisst dies nicht: Der Zufall verursachte es, sondern: Wir kennen die Ursache nicht. Das Kausalitätsgesetz wird dabei keinen Augenblick in Frage gestellt. Die Zufälligkeit (contingency) des Witterungswechsels beruht lediglich auf unserer Unkenntnis der Ursachen desselben; das und nichts anderes meinen wir auch, wenn wir davon reden. Zufall bedeutet also stets nur Nicht-Wissen der Ursachen, nie ihr Nicht-Vorhandensein. Eine Weltauffassung, welche Ausnahmen von dem Gesetze der Kausalität zulässt, ist unwissenschaftlich uud unphilosophisch

Die Erkenntnis der Ausnahmslosigkeit des Kausalitätsgesetzes aber ist weit davon entfernt, der ignava ratio das

Wort zu reden. Gerade das Gegenteil ist der Fall. Wenn ich die Überzeugung habe, dass alles in der Welt unter dem gewaltigen Gesetze der Kausalität steht, so weiss ich, dass auch meine Thaten Glieder in der Kette der Ursachen und Wirkungen bilden; und die Erkenntnis, dass die Förderung meines leiblichen, geistigen und sittlichen Wohls zum grössten Teil in meine eigenen Hände gelegt ist, wird nicht verfehlen, mich zum eifrigen und fleissigen Gebrauch aller meiner Kräfte anzuspornen. Würde ich dagegen annehmen — hier kehrt Home wiederum den Spiess gegen seine Gegner —. es hänge vom Zufall ab, ob ich weise werde oder thöricht, tugendhaft oder schlecht, dann freilich wäre die ignava ratio am Platze, dann wäre es verlorene Mühe, mich anzustrengen und an meiner Ausbildung zu arbeiten.

So sehen wir unsern Philosophen also tief durchdrungen von der Gesetzmässigkeit in der Körperwelt, wie in der Geisteswelt. Schärfer als er könnte sie auch heute kein Denker aussprechen. „Diese Welt ist eine grosse Maschine, die aufgewunden und in Gang gebracht ist. Die verschiedenen Triebfedern und Räder wirken auf einander, ohne zu fehlen. Der Zeiger rückt fort und die Uhr schlägt genau so, wie der Künstler es bestimmt hat. Wer richtige Ideen und einen wahren Geschmack an der Philosophie hat, muss sehen, dass dies die wirkliche Theorie der Welt ist und dass bei jeder andern Theorie keine allgemeine Ordnung, kein Ganzes, kein Plan, weder Mittel noch Endzweck in der Regierung der Welt stattfinden" (S. 145).

—

Am Schlusse des ersten Teils unseres essay hat Home auch das Problem der Theodicee mit ganz kurzen Worten gestreift. Die Kürze ist berechtigt: denn für die Ethik muss es völlig gleichgültig bleiben, welche Folgerungen aus ihren Lehren für die Eigenschaften des göttlichen

Wesens sich ergeben. Ausführlicher bespricht Home die Frage nach dem Ursprung des Übels im zweiten Teile seines Werkes; dort handelt der siebente essay von der Erkenntnis Gottes (Of our knowledge of the Deity). Home ist sich der Schwierigkeit wohl bewusst, und er ist nicht der Mann, der sich durch Winkelzüge herauszuwinden sucht. Eins aber weist er bereits in unserm essay mit Entschiedenheit zurück, nämlich die Ansicht, dass nur dem Determinismus gegenüber das Problem sich erhebe. Die Schwierigkeit „fällt auf jede Hypothese, die wir annehmen können, zuletzt mit gleicher Stärke zurück. Das moralische Böse kann gar nicht da sein, wenn es nicht wenigstens von Gott zugelassen wird. In Ansehung der ersten Ursache aber ist „zulassen" soviel als „verursachen" (Permitting is the same thing with Causing), sintemal es nicht möglich ist, dass sich gegen seinen Willen etwas zutragen könnte" (S. 132 f. Fussnote). Die eingehende Behandlung der Frage erfolgt sodann, wie schon erwähnt, in den Versuchen über natürliche Religion.

Durch seinen trefflichen essay über die Willensfreiheit hat Home mächtig auf einen jüngeren Zeitgenossen eingewirkt. Es ist dies Josef Priestley, einer der entschiedensten Vorkämpfer des Determinismus. Im Jahre 1777 erschien sein Werk: The doctrine of philosophical necessity illustrated, dem Schopenhauer nachrühmt: „Wen dieses überaus klar und fasslich geschriebene Buch nicht überzeugt, dessen Verstand muss durch Vorurteile wirklich paralysiert sein"[1]. Priestley selbst gesteht nun, dass seine Schrift nicht erschöpfend sei. Er will nur das erwähnen, wo er glaubt, Neues beizubringen. Im Übrigen verweist er auf die Werke von Hume, Hartley und Home (letzteren nennt er unter dem Namen Lord Kames). Die Argumente aber, die Priestley für das deterministische System herbeibringt, sind zum grossen Teil nicht ganz neu, sondern

---

1) Schopenhauer, a. a. O. S. 457.

Ausführungen dessen, was wir bei Home kennen lernten — das von Priestley neu Herbeigebrachte fällt mehr in das Gebiet der Theologie — ; und so beruft er sich denn auch zuweilen bei seinen Argumenten, wie z. B. bei der Erklärung des Reuegefühls, auf Home. Da nun Schopenhauer Priestley so hoch schätzte, so dürfen wir wenigstens eine indirekte Einwirkung unseres Home auf Schopenhauer behaupten, wodurch dann die frappante Ähnlichkeit der klassischen Abhandlung des Letzteren mit den Home'schen Gedanken erklärlich wird. Dagegen sind wir nicht berechtigt anzunehmen, dass Schopenhauer Home selbst kannte, da er ihn sonst bei der Aufstellung seiner „Vorgänger" sicherlich nicht übergangen hätte.

Endlich mag der deterministische Standpunkt Homes uns noch über die Frage Aufschluss geben, ob Home den Philosophen der sogenannten schottischen Schule zuzuzählen ist, oder nicht. Windelband[1]) hält ihn mit Hinsicht auf seinen Grundsatz, dass „unsere Schlüsse zuletzt auf Gefühl und Empfindung beruhen", für einen Vorläufer der common-sense-Schule. Als ihr Begründer gälte darum nicht er, sondern erst Thomas Reid, weil dieser durch schärferes Eindringen in die philosophischen Probleme Home in den Schatten gestellt habe. Um die Richtigkeit dieser Behauptung zu prüfen, bedürfte es zuvor einer eingehenden Beschäftigung mit den erkenntnistheoretischen Anschauungen Homes, wie er sie in dem zweiten Teil der essays niedergelegt hat. Jedoch, wenn wir auch ohne weiteres zugeben, dass Berührungspunkte zwischen Home und Reid stattfinden, so scheint doch andrerseits Homes Determinismus schon hinzureichen, um ihn nicht zu den „Schotten" zu zählen. Dugald Stewart berichtet in seiner Biographie Reids[2]), dieser habe in herzlicher Freundschaft mit Home gelebt, „notwithstanding the avowed opposition

---

1) In der Encyklopädie von Ersch und Gruber, Artikel „Kames".
2) D. Stewart: Account of the Life and Writings of Thomas Reid, S. 141.

of their sentiments, on some moral questions, to which he attached the greatest importance". Zu diesen ethischen Fragen, in denen die beiden Denker in so entschiedenem Gegensatz zu einander standen, gehört in erster Linie die der Freiheit des Willens[1]. Der common sense-Philosoph steht selbstverständlich auf Seiten der Freiheit der Willkür, während Home ihm die wissenschaftliche Ansicht über das Problem entgegenhält. Einen Denker, der in einer so bedeutsamen Frage mit dem „gesunden Menschenverstand" im scharfen Widerspruch steht, dürfen wir wohl schwerlich in die Reihe der common sense-Philosophen stellen; und so haben die Historiker der Philosophie mit Recht nicht Home, sondern Reid den Begründer der schottischen Schule genannt.

[1] In einem Briefe an Home vom 3. Dezember 1772 beruft sich Reid betreffs der Willensfreiheit auf den „gesunden Menschenverstand": „The common sense of mankind dictates, that what a man did voluntarily and with intention, he had power not to do". Siehe Tytler, a. a. O. I, Appendix S. 44).

Vita.

Natus sum, Josephus Norden, Hammoniae a. d. XV Kal. Jul. anni 1870 patre Mose matre Bertha. Fidei addictus sum Judaicae. Eadem in urbe gymnasium Johanneum adii ibique litterarum studiis me dedi. Deinde, testimonio maturitatis accepto, anno 1890 Berolinum me contuli et numero civium Universitatis Fridericae-Guilelmae Berolinensis adscriptus sum. Ibi per septem semestria scholas frequentavi virorum doctissimorum:

Dessoir, Dillmann, von Gizycki, Lasson. Lazarus, Paulsen, Pfleiderer, E. Schmidt, Strack, Zeller.

Eodem tempore theologica studia tractavi atque tracto in seminario illo rabbinico, cui praeest vir illustrissimus I. Hildesheimer, ibique scholas frequentavi, quas et ille habet, et Barth, Berliner, H. Hildesheimer, Hoffmann, viri doctissimi.

Quibus omnibus viris optime de me meritis gratias ago quam maximas.